Career Development For The Future

미래사회와 경력개발

유기웅·김영일·이승주
송정희·최유연·이응목

박영story

머리말

이 책의 저자들은 공통적으로 '경력개발'이라는 주제에 관심이 있다. 학교, 기업, 공공기관 등 다양한 현장에서 진로교육과 경력개발 활동을 실천해오고 있으며, 학문적으로 경력개발 분야를 연구하고 있는 현장－연구 전문가(scholar－practitioner)들이다. 한번은 저자들이 다 같이 만나 경력개발의 실천과 연구에 관한 이런저런 얘기를 나누게 되었다. 각자가 관심이 있는 조직 내 세대 간 특성 및 경력개발에서의 차이, 청소년 진로교육, 여성 경력개발, 프로티언 커리어, 경력역량, 은퇴설계 등에 관한 이야기를 나누던 중 우리는 공통점을 발견하게 되었다. 바로 미래사회에서의 경력개발에 관한 것이었다. 이 책의 집필은 이렇게 시작하였다.

이 책은 총 6개의 큰 주제로 구성되어 있다. 1장에서는 경력개발의 주요 트렌드와 이슈를 다루고 있으며, 밀레니얼 세대를 위한 경력개발, 퍼스널 브랜딩 개발, 커리어 레질리언스, 커리어 웰빙의 증진, 문제중심 커리어 개발 등의 개념 및 주요 특성에 대해 살펴보고 있다.

2장에서는 진로교육에 처음 접하는 독자에게 진로교육의 개념과 필요성, 진로이론, 자기특성의 이해에 대해 안내하고, 최근 중요하게 다루고 있는 학교에서의 진로교육은 어떻게 이루어지는지 알아본다. 또한 미래사회의 진로와 직업의 변화를 이해하고 진로교육이 나가야 할 방향을 소개하고 있다.

3장에서는 그동안의 성(性)에 대한 논의와 조직 안에서의 여성인적자원개발, 생애진로관점에서의 여성경력이음을 이야기하였다. 또한 여성개개인의 선택적 HRD를 위한 여성평생교육기관의 역할을 제시하였다.

4장에서는 평생학습의 시대에 필요한 프로티언 커리어의 개념을 이해하고, New career의 개념들을 소개한다. 특히 전문가 집단에서 경력개발의 의미, 목적, 사례, 프로티언 커리어의 개념과 사례들을 통해 'Destination'을 향하는 '교육'의 시대에서 '지속적 학습'의 시대에 필요한 경력개발, 주관적 경력성공에 대한 이해와 성찰을 목표로 한다.

5장에서는 미래사회 경력과 관련한 이러한 복합적인 이슈에 대해 최근 경력 관련 연구에서 논의되고 있는 경력역량(career competency)의 관점에서 고찰하고 있다. 미래사회 경력개발에 있어 경력역량의 의미와 구성요인들 그리고 경력역량의 개발을 위한 자기 실천적 방안들을 살펴봄으로써 현재 경력자로서 그리고 미래 경력자로서 자신의 경력을 주도적으로 관리하고 계획하는 데 도움을 주고자 하였다.

6장은 은퇴설계에 관한 고찰이다. 100세 시대를 맞이하여 은퇴 후에도 30년에서 40년의 삶이 예상되고 있다. 은퇴자들은 자녀들의 독립, 경제적 여유, 사회적 의무에서 해방되어 자신을 위한 삶을 주도적으로 만들어 갈 수 있다. 은퇴를 의식하고 어떻게 준비하는가에 따라 은퇴 후 삶의 질은 달라진다고 많은 학자들은 주장하고 있다. 집을 짓기 위해서는 설계도가 필요하듯이 은퇴 후 행복한 삶을 위해서도 설계도가 필요하다. 은퇴 후를 예상하고 삶의 설계도를 만드는 방법을 제안하고자 한다.

끝으로 이 책이 나오기까지 많은 도움을 준 박영사 안상준 대표님, 이선경 차장님, 배근하 과장님께 진심으로 감사의 마음을 전하고 싶다. 그 고마움을 기억하면서 앞으로도 경력개발 분야의 연구와 실천에 계속해서 정진하고자 한다.

2020년 5월
저자 일동

차례

CHAPTER 04 미래사회의 프로티언 경력과 경력탄력성

CHAPTER 05 자기 경력 관리의 필수요인, 경력역량

CHAPTER 06 미래사회: 은퇴 후 어떤 삶을 살 것인가

CHAPTER

01

경력개발의 트렌드

CHAPTER

01

경력개발의 트렌드

유기웅*

SUMMARY

경력 개념에 대한 변화는 급변하는 사회 변화의 특성을 반영하고 있다고 볼 수 있다. 최근 경력개발의 트렌드에서 찾아볼 수 있는 공통점은 경력개발의 주체는 개인이며, 개인은 자신의 경력개발 및 관리 활동에 있어 일에 대해 부여하는 의미와 삶과의 연관성을 중시하고, 일과 관련된 다양한 경험을 통해 스스로의 경력을 개발 · 구성해 간다는 점이다. 이 장에서는 밀레니얼 세대를 위한 경력개발, 퍼스널 브랜딩 개발, 커리어 레질리언스, 커리어 웰빙의 증진, 문제 중심 커리어 개발 등의 개념 및 주요 특성에 대해 살펴보도록 한다.

KEY WORD

구성주의적 경력개발, 밀레니얼 세대, 퍼스널 브랜딩, 커리어 레질리언스, 커리어 웰빙, 문제 중심 커리어 개발

* 숭실대학교 평생교육학과 교수, 한국커리어 · 학습코칭연구소장(kryu@ssu.ac.kr).

01 들어가며: 경력개발 트렌드에 대한 이해

우리는 일생에 걸쳐 일과 관련한 다양한 경험과 활동들을 하면서 살아가게 된다. 한 개인이 삶을 살아가면서 일과 관련하여 얻게 되는 다양한 경험과 활동의 총체를 경력이라고 정의한다면, 개인 또는 개인이 속한 조직에서는 경력을 더 나은 수준으로 변화시키기 위한 다양한 경력개발 활동을 수행하게 된다. 경력개발을 통해 조직은 조직과 조직구성원 개인이 추구하는 인재(talent)의 개발과 육성을 도모할 수 있으며, 적재적소 배치를 통한 인력효율성 향상에 기여할 수 있다. 조직구성원 개인의 관점에서는 역량의 개발, 생애경력관리를 통한 미래 삶에 대한 설계 등을 통해 자신의 성장 욕구를 충족시키고 개인의 조직에 대한 몰입을 향상시킬 수 있다.

최근 사회의 급격한 변화와 조직의 환경이 변화하면서 평생 동안 한 직장에서 안정적으로 일한다는 경력의 개념이 변화하고 있으며, 예측하기 어려운 미래 사회에 대비하여 경력관리 및 경력개발에 관한 관심이 높아지고 있다. 이와 같은 관심은 단지 조직적 차원에서 인적자원의 효율적 개발 측면뿐만 아니라 한 개인의 일과 삶에 관한 본질적인 문제를 다루고 있다는 데에서 기인한다고 볼 수 있다. 이 장에서는 최근 경력관련 환경 변화 및 경력개발의 트렌드에 대한 이해를 바탕으로 개인 또는 조직에서 어떠한 경력개발 활동을 해야 하는지를 탐색해볼 수 있는 기회를 제공하고자 한다.

02 경력 개념의 변화와 다양한 경력의 의미

경력 개념에 대한 변화는 급변하는 사회 변화의 특성을 반영하고 있다고 볼 수 있다. 최근에는 한 조직에서 평생 동안 안정적으로 일한다는 일과 경력에 대한 개념이 변화하고 있고, 조직 내 구조가 수평적이고 분권화되고 있으며, 임시직의 증가, 심리적 계약 관계의 변화 등의 특징이 있다. 또한 글로벌화의 가속화, 첨단 기술에 따른 업무 환경의 변화, 인구구성의 변화와 다양성의 증가, 일 의미에 대한 변화, 일과 삶의 균형 문제 대두 등으로 인해 경력 개념에 영향을 미치는 환경 변화가 대두되고 있다.

경력 개념에 대한 전통적 입장과 최근 입장의 주요 특성을 살펴보면 다음과 같다(박순명, 정철영, 2014). 첫째, 전통적 입장에서는 직업안정성에 기반하여 하나의 조직을 대상으로 비교적 장기적인 심리적 계약 관계에 초점을 두었다면, 최근에는 고용가능성(employability)에 기반하여 다수의 조직을 대상으로 단기적이고 물리적 계약 관계에 초점을 두고 있다는 점이다. 둘째, 전통적 입장에서는 경력개발의 책임이 주로 조직에 있었다면, 최근에는 조직은 경력개발을 위한 지원적 기능에 초점을 두고 조직 구성원 스스로에 의한 자율적 경력개발을 강조하고 있는 추세이다. 셋째, 전통적 입장에서는 경력개발이 추구하는 바가 보수, 승진, 지위와 연관되어 있는 객관적 경력성공에 초점을 둔 조직 내에서의 경력에 관심을 두었다면, 최근에는 일에 대한 의미, 일과 삶에서의 균형 등 개인의 만족과 행복을 중시하는 주관적 경력성공에 보다 큰 관심을 두고 있다. 넷째, 전통적 입장에서는 경력을 비교적 고정적이고 불변하는 특성으로 간주하였다면, 최근에는 유연적, 역동적, 탄력적인 특성이 있는 것으로 간주한다. 요컨대, 전통적인 경력의 개념은 직업세계에 진입하여 해당 조직과 비교적 장기적·심리적 계약 관계를 기반으로 조직 내에서의 승진, 자리 이동, 직무 관련 전문성 개발 등에 초점을 맞추었다면, 새로운 경력 개념은 가변적이고 유연한 특성을 반영하고 있다.

새로운 경력 개념의 등장

이러한 변화를 반영하는 새로운 경력 개념들이 등장하고 있는데 대표적인 경력 개념을 살펴보면 다음과 같다. 첫째, 프로티언 경력(protean career)이다. 프로티언 경력은 개인이 추구하는 경력에 대한 내적 가치를 중시하며 자유롭고 자기주도적으로 경력을 관리하고 개발하여 주관적 경력성공을 추구하는 경력을 의미한다. 둘째, 무경계 경력(boundaryless career)이다. 무경계 경력은 경력의 범위를 하나의 조직에만 한정하지 않는 경력의 범위의 물리적 이동성에 초점을 둔 개념이다. 셋째, 어센틱 경력(authentic career)은 자아 정체성과 자기 자신에게의 진실성(authenticity)을 기반으로 주로 전문성과 창의성을 요구하는 경력을 이해하는 데 초점을 둔 개념이다. 넷째, 만화경 경력(kaleidoscope career)은 개인이 추구하는 가치와 생애 단계에서 다양한 요인에 의해 경력의 일정한 패턴이 있다는 점을 강조하는 개념이다. 특히, 만화경 경력에서는 기존의 경력 개념이 경력을 지나치게 단순화하고 있다는 한계점을 지적하면서, 남성과 여성의 경력에 있어 이러한 패턴의 차이가 있다는 점에 초점을 두고 있다.

03 경력개발의 트렌드

최근 경력 개념에 대한 변화와 새로운 경력 개념들의 등장 배경에는 신세대 인력의 유입, 빠르게 변화하는 일터 환경 등과 관련이 깊다고 볼 수 있다. 경력개발의 관점에서 이러한 변화는 전통적인 선형적 경력개발 절차를 탈피하는 경향이 두드러지게 나타나고, 조직에서 유연한 경력개발 및 관리의 필요성에 영향을 미치고 있음을 알 수 있다. 여기에서는 경력개발 관련 주요 트렌드를 살펴보고자 한다.

밀레니얼 세대를 위한 경력개발

첫째, 일터에 새롭게 유입되고 있는 밀레니얼 세대의 특성을 반영하는 경력개발의 강조이다. 밀레니얼 세대를 구분하는 기준은 사회마다 약간씩 차이가 있을 수 있으나, 주로 베이비붐 세대의 자녀 세대이자 X세대의 뒤를 잇는 인구집단으로, 우리나라의 경우 1980년대 후반부터 2000년도 사이에 출생한 세대를 일컫는다. 이 세대는 디지털 매체에 익숙하고 디지털 환경을 기반으로 한 라이프 스타일을 가지고 있다. 자기 자신만을 위해 시간을 투자하는 데 가치를 두고 혼자 하는 활동에 익숙하며, 동시에 디지털 매체를 통해 타인들과 소통하고 타인으로부터 인정받기 위해 신경을 많이 쓴다. 또한 자신이 좋아하는 것에 과감하게 소비하기도 하지만 다른 사람의 구매평에 민감하게 반응하며 제품에 따라 소유보다는 공유를 선호하는 특징을 보이기도 한다. 밀레니얼 세대의 이러한 특징을 반영하는 경력개발의 전략은 다음과 같다.

- 인재 리텐션(retention) 증진: 조직의 비전, 미션, 가치에 대한 진솔한 대화와 토의를 통해 문제점을 찾아내고 개선할 방향에 대해 자유롭게 의견을 개진하고 공유하도록 함.
- 일의 의미(meaning of work) 찾기: 자신이 하는 일을 통해 맡은 바 일이 어떤 의미와 가치가 있고, 자신, 타인, 사회에 영향을 미치는지에 대해 인식하도록 함.
- 코칭과 멘토링(coaching and mentoring)을 통한 자기 계발: 전통적인 형태의 교육훈련을 통한 개인 개발의 기회를 제공하는 것보다 개인 맞춤형 코칭과 멘토링을 통한 자기 권한적 성장 기회 지원.
- 일과 삶의 균형(work−life balance): 유연한 업무시간 및 출퇴근 시간, 불필요한 야근 없애기, 테크놀로지의 적절한 활용 등을 통한 일과 개인 삶에 있어서의 균형 유지.
- 경쟁적인 급여와 공정한 인센티브: 노동의 대가에 대한 정당한 보상과 성과에 따른 공정한 보너스 시스템 적용.
- 협업과 재미(fun)를 증진할 수 있는 근무 환경 및 조직 문화: 일을 즐기며 협업을 통한 문제해결 및 창의적 업무를 촉진하기 위해 팀워크를 촉진할 수 있는 물리적 환경 및 조직 문화 조성.

조직적 차원에서의 이러한 경력개발 활동과 전략은 단지 밀레니얼 세대 구성원들만을 위한 것은 아니라 조직 내 모든 구성원들에게도 적용할 수 있음을 인식하고, 이러한 활동과 전략들이 조직 내에 정착될 수 있도록 노력해야 한다.

퍼스널 브랜딩(Personal Branding) 개발

둘째, 퍼스널 브랜드 개발을 통한 경력개발이다. 퍼스널 브랜딩은 개인 자신과 자신의 커리어가 하나의 브랜드(brand)처럼 형성되어 활용되는 과정을 의미한다. 이는 마치 상품들이 개개의 고유한 브랜드로 개발되어 있고, 그 특정 브랜드가 지니고 있는 다양한 특성에 있어 소비자들이 그 브랜드를 기억하고 구매하는 것과 마찬가지로, 개인은 다른 사람들과 구별되는 고유한 브랜드를 개발하여 이를 경력에 활용할 수 있게 된다. 최근 들어 이러한 퍼스널 브랜드 개발을 통해 취업, 창업, 조직 내·외 경력이동, 자기 계발 활동 등에 활용하고 있는 추세이다. 퍼스널 브랜딩 개발을 위한 주요 활동은 다음과 같다.

- 용모 가꾸기(외모, 의상, 자세, 몸동작, 말투 등)
- 일 관련 포트폴리오, 작업 샘플, 이력서 등 배포하기
- 개인 명함 배포하기
- 실무자 또는 학술적 콘퍼런스에서 발표하기
- 지역사회 각종 단체에서 활동하기
- 전문분야 관련단체에서 활동하기
- 각종 친목단체에서 활동하기
- 일 관련 세미나, 워크숍 등에 참석하여 정보 교환하기
- 신문, 잡지, 정기간행물, 학술지 등에 글 싣기
- 저서 출판하기
- YouTube 개인 계정에 정기적으로 영상물 올리기
- Facebook, Twitter, Instagram, LinkedIn, 밴드 등의 소셜미디어 서비스에 정기적으로 접속하여 활동하기

자신만의 퍼스널 브랜드를 개발하는 단계는 다음과 같다.

- 자기 분석: 자신의 흥미, 재능, 성격, 적성, 가치관에 대해 정보를 얻고 분석하여 이해하기
- 환경 분석: 자신이 처해있는 환경에서 일 관련 정보의 획득, 경력기회 또는 장애 요인들에 대해 탐색하기
- 브랜드 콘셉트 설정: 브랜드 개발에 대한 비전, 브랜드의 가치, 브랜드의 콘셉트 설정하기
- 브랜드 개발 목표 및 전략 설정, 실행, 평가: 개발하려는 브랜드와 현재 상태의 차이 분석 및 차이의 원인 분석하기, 분석결과에 따라 브랜드 개발 목표 설정하기, 브랜딩 활동 실행하기, 브랜딩 활동 평가하기

이러한 퍼스널 브랜딩 개발활동을 통해 개인은 자신의 경력을 스스로 개발하고 관리할 수 있으며, 브랜드에 대한 지속적인 평가와 변화를 통해 보다 더 가치 있는 퍼스널 브랜드를 개발할 수 있게 된다.

커리어 레질리언스(Career Resilience)

셋째, 최근 유연적, 역동적, 탄력적인 경력에 대한 개념이 중요하게 부각되면서 경력에 있어서의 회복탄력성에 대한 관심이 높아지고 있다. 레질리언스(회복탄력성)는 개인이 처한 스트레스, 어려움, 역경에 성공적으로 적응하여 이를 극복할 수 있는 긍정적인 특성 또는 능력이라고 할 수 있다(추병완, 2018; Anthony, 1987).

레질리언스는 개인이 지니고 있는 내적 특성이기도 하지만 사회 · 문화적 요인, 타인과의 관계, 외부 환경 등에 영향을 받는다. 즉, 레질리언스는 개인의 타고난 고정된 속성이라기보다는 외부 환경 및 사회

구조 또는 타인들과의 관계 속에서 형성되어가는 하나의 과정이며, 개인의 노력과 다양한 상호작용 등을 통해 증진 또는 개발될 수 있는 자원(Pretsch, Flunger, & Schmitt, 2012)으로서의 성격을 지닌다.

이러한 레질리언스의 일반적인 특성에 근거하여 커리어 레질리언스는 경력준비, 경력이동 등의 상황에서 발생할 수 있는 경력 관련 스트레스, 역경 등에 성공적으로 적응하고 대처하여 이를 극복하는 능력이라고 정의내릴 수 있다. 커리어 레질리언스는 단지 어려운 상황에서 겉으로 웃으며 이를 견디는 모습을 의미하는 것이 아니다. 경력 관련 스트레스나 역경에 대처하여 개인이 설정해놓은 경력계획과 실천 행동에 대해 책임감을 가지고 성찰하며, 개인의 성장과 경력개발에 유연하고 민첩하게 대처하는 능력을 의미한다. 커리어 레질리언스 개발 전략은 다음과 같다.

- 자신의 퍼스널 브랜드 만들기
- 외부환경 변화에 대해 이해하기
- 업무 외 다른 사람들과의 네트워킹을 통해 타 분야 변화 이해하기
- 과거의 실패와 성공 경험에 대해 지속적으로 성찰하기
- 긍정적인 마인드셋 갖기
- 자기 관리(건강, 평상시 습관 등) 철저히 하기
- 코칭, 멘토링 등을 통해 피드백과 지지 구하기
- 일과 삶의 균형을 통해 삶의 여유 갖기
- 평생학습을 통해 지속적으로 새로운 것을 배우기

요컨대, 커리어 레질리언스가 높은 사람은 자기를 명확하게 인식할 수 있는 자기 인식력, 변화에 적응적으로 대처할 수 있는 민첩성(agility), 변화와 성장을 추구하는 긍정적인 마인드셋을 가지고 있다고

볼 수 있다.

커리어 웰빙(Career Well-being)의 증진

넷째, 최근 일을 통해서 얻는 만족, 일의 의미, 일과 삶의 균형 등을 중시하는 경향이 대두되면서 경력에서의 성공을 추구하기보다는 경력에서의 웰빙을 추구하는 것에 더 큰 가치를 두고 있다. 커리어 웰빙이란 자신의 경력에 대하여 긍정적으로 인식하고 만족하는 감정으로 일을 즐기는 상태를 의미한다. 커리어 웰빙의 중요성에 대해 역설하고 있는 Jacobsen(2012)에 따르면 우리는 일상생활에서 다섯 가지의 웰빙을 경험하며 추구하고 있는데, 이 다섯 가지는 커리어(career), 사회적(social), 금전적(financial), 신체적(physical), 공동체(community) 웰빙이라는 것이다.

이 다섯 가지 웰빙 중에서 커리어 웰빙은 일과 삶의 의미 등과 매우 밀접하게 연관되어 있다. 우리는 일상생활의 대부분의 시간을 일하는 것에 보내고 있으며, 자신의 경력을 개발하고 관리하는 데 많은 시간과 돈을 투자하고 있다. 어린 나이 때부터 자신에게 맞는 진로를 선택하고 준비하는 데 상당한 관심과 노력을 기울여오고 있다. 또한 일을 한다는 것은 단순히 금전적 소득을 가져다주는 것을 넘어서 일에서 찾는 삶의 의미와 자신의 존재감과 삶에 만족감을 가져다주는 중요한 요소이다. 이러한 점에서 커리어 웰빙을 추구하는 것은 일 자체를 즐기고, 일을 통해서 얻는 즐거움과 만족감을 높이려는 노력이라고 볼 수 있다.

높은 수준의 커리어 웰빙은 자신이 하는 일에 인게이지드(engaged)가 되어 행복감을 느끼게 되어 결과적으로 높은 성과를 내게 하며, 새로운 기회에 긍정적이고 도전적이 되게끔 영향을 미친다. 반대로 낮은 수준의 커리어 웰빙은 자신이 하는 일에 인게이지드가 되지 않아

(disengaged) 불행하고 우울하여 결과적으로 낮은 수준의 성과를 내게 하며, 새로운 기회에 부정적이고 소극적이 되게끔 영향을 미친다. 커리어 웰빙을 증진하기 위한 전략은 다음과 같다.

- 자신의 삶의 목적, 가치관, 흥미, 적성, 재능에 대한 이해
- 하고 있는 일과 관련하여 자신의 삶의 목적, 흥미, 적성, 재능과 연계하여 이해하기
- 자신을 이해하고 믿는 사람들과 자신의 일에 대해 진지하게 이야기하기
- 자신의 강점을 일에 활용하기

요컨대, 커리어 웰빙은 자신이 하고 있는 일에 대해 행복하고 아름답고 질 높은 경력을 영위하려는 태도 또는 양상을 의미하여, 최근 경력에서의 객관적인 성공을 추구하기보다는 경력에서의 웰빙을 추구하는 것에 더 큰 가치를 두고 있다.

문제 중심 커리어 개발(Problem-Based Career Development)

다섯째, 최근 자신의 경력을 관리하고 개발하는 데 있어 자기주도성, 경력 이동성(career mobility), 경력 창의성(career creativity)의 중요성이 부각되고 있다. 경력개발에 있어 이러한 개념이 중요하게 부각되는 이유는 개인이 경력개발의 실제 상황에서 비구조화되고 비정형적인 다양한 문제 상황에 직면하게 되고 이를 해결해야 하는 능력이 중요하게 작용하기 때문이다.

전통적으로 다양한 경력개발 모델에서는 개인의 특성을 분석하여 경력목표를 설정하고 이를 달성하기 위한 다양한 개발적(developmental), 개입적(intervening) 활동을 실행하고 이를 평가하는 형태였다. 그러나

경력개발 상황에서 개인이 직면하고 있는 현실은 경력과 관련되어 해결해야 할 다양한 문제로 시작되어 학습자가 스스로 또는 공동의 노력으로 문제를 이해하고 해결하여 실생활에 적용하고 있는 모습을 띠고 있다. 특히 개인의 일에 대한 의미, 가치관, 흥미, 적성, 재능에 따라 경력을 스스로 개척하여 새로운 경력을 만들어가는 경력 이동성이 활발한 최근 경력개발의 트렌드에서 문제 중심 커리어 개발(이하, PBCD)적 접근은 유용하다고 볼 수 있다.

PBCD적 접근은 다음과 같은 특징과 시사점을 제공한다. 첫째, 경력개발에 있어 개인의 역할과 책임을 중요시한다는 점이다. 이 관점에서는 경력의 관점을 개인의 일과 관련된 경험에 의해 구성되는 과정임을 강조한다. 따라서 경력개발의 주체로서의 개인의 역할과 책임을 강조한다. 이러한 관점에서는 유의미한 경력개발은 개인이 능동적으로 경력개발의 과정에 참여함으로써 일에 대한 의미를 스스로 구성해갈 때 가능하다고 본다. 둘째, 경력개발 상황에서 직면하는 다양한 문제를 해결하는 과정을 통해 문제해결력을 증진할 수 있다는 점이다. 또한 경력개발의 과정이 고정되어 있지 않고 인생의 전반에 걸쳐 진행된다고 보았을 때, 문제해결력은 현재 또는 미래에 경험하게 될 다양한 상황에서 중요한 역량이라고 볼 수 있다.

04 나오며: 자신의 경력을 스스로 구성하기

최근 경력개발의 트렌드에서 찾아볼 수 있는 공통점은 경력개발의 주체는 개인이며, 개인은 자신의 경력개발 및 관리 활동에 있어 자신이 일에 대해 부여하는 의미와 삶과의 연관성을 중시하고, 일과 관련된 다양한 경험을 통해 스스로의 경력을 개발·구성해 간다는 점이다. 이와 같은 경력개발의 트렌드는 최근 대두되고 있는 구성주의적 경력개발(constructivist career development) 관점과 일맥상통한다고 볼 수 있다.

구성주의적 경력개발 관점은 1990년대 후반 이후 논의되고 있는 경력개발의 관점 중의 하나로 경력개발에 있어 구성주의적 원리를 바탕하고 있다. 특히 구성주의적 상담(constructivist career counseling)의 원리를 활용하여 경력상담과 경력개발에 접근하고 있다는 특징이 있다. 즉, 구성주의적 경력개발은 개인이 지향하고 있는 경력의 다음 단계로 효과적으로 나아가기 위해 개인 삶에서의 작은 이야기들을 통해 경력을 구성하고, 이러한 이야기들을 삶의 다양한 장면과 경력 내러티브 속으로 해체하고 재구성하여 실행 계획을 구성하는 과정을 의미한다(Savickas, 2012).

경력개발에 적용되고 구성주의적 주요 원리를 살펴보면 다음과 같다(Peavy, 1996). 첫째, 우리가 살고 있는 세계는 다양한 실재가 존재하며 누군가에 의해서 세계를 올바르게 바라보는 관점은 존재하지 않는다는 점이다. 개인의 경력에 있어서도 누군가에 의해 정해진 올바른 경력은 존재하지 않으며 개인의 세계관, 가치관 등에 따라 진로를 선택하고 이에 따른 제반 활동을 추구하게 된다는 것이다. 둘째, 개인은 각자만의 인생 이야기(life story)를 가지고 있으며, 삶을 살아가는 동안 인생 이야기를 지속적으로 (재)구성하고 있다는 점이다. 이러한 인생 이야기는 개인의 진로 선택, 경력개발 및 관리와 밀접하게 연관되어 있다. 또한 이러한 이야기에 담겨 있는 의미를 해석하고 삶의 경험을 비판적으로 성찰하여 일과 삶에 대한 의미를 부여하고, 미래의 삶과 경력에 대한 계획을 통찰하게 된다. 셋째, 개인은 경력과 관련된 많은 행동과 선택을 해석함으로써 자신의 자아개념을 구성해간다는 점이다. 이러한 자아는 다양한 요소로 구성된 복합적 구성체이며, 경력과 관련된 특성은 다양한 많은 구성체 중의 하나이며 다른 구성체들과 서로 연관되어 존재하고 작동하여 통합된 자아를 구성하게 된다.

요컨대, 개인은 각자가 경력을 스스로 개발할 수 있고 관리할 수 있는 존재이다. 경력을 개발하고 관리하는 데 있어 개인이 구성해오고 있는 세계관과 가치관이 영향을 미치게 되며, 처해진 환경에 따라서도 영향을 받게 된다. 이러한 복합적인 요소들의 상호작용에 의해 개인은 자신의 삶 그리고 일과 관련된 이야기를 창작해가고 있다. 이러한 삶과 일 이야기의 주인공은 바로 개인이며, 아직 전개되지 않은 많은 이야기가 남아 있다.

참고문헌

박순명, 정철영 (2014). 국내 학술지의 경력 연구 동향. *농업교육과 인적자원개발*, 46(2), 149-182.

추병완 (2018). 초등 교사의 회복탄력성 요인 탐색. *윤리연구, 121*, 87-108.

Anthony, E. J. (1987). Risk, vulnerability, and resilience: An overview. In E. J. Anthony, & B. J. Cohler (Eds.), *The invulnerable child* (pp. 3-48). New York, NY: Guilford Press.

Jacobsen, N. (October, 2012). Career wellbeing. ATD Insights. https://www.td.org/insights/the-art-of-the-follow-up

Peavy, V. R. (1996). Constructivist career counseling and assessment. *Guidance and Counseling, 11*(3), 8-15.

Pretsch, J., Flunger, B., & Schmitt, M. (2012). Resilience predicts well-being in teachers, but not in non-teaching employees. *Social Psychology of Education, 15*(3), 321-336.

Savickas, M. L. (2012). Life design: A paradigm for career intervention in the 21st century. *Journal of Counseling in Development, 90*(1), 13-19.

CHAPTER

02

미래사회 진로교육에 대한 고찰

CHAPTER

02

미래사회 진로교육에 대한 고찰

김영일*

SUMMARY

진로교육을 처음 접하는 독자에게 진로교육의 개념, 진로이론, 자기특성의 이해에 대해 안내하고 최근 중요하게 다루고 있는 학교에서의 진로교육은 어떻게 이루어지는지 알아본다. 또한 미래사회의 진로와 직업의 변화를 이해하고 진로교육이 나가야 할 방향을 제시하고자 한다.

KEY WORD

진로, 진로교육, 미래사회

* 서울여자고등학교 교장(kkyh1012@sen.go.kr).

01 들어가며: 진로교육의 필요성과 개념

사람이 태어나서 살아가는 동안 수많은 경험(과정, 사건)을 가진다. 그 경험들은 보는 시각에 따라 건강, 행복, 경제, 직업 등 다양한 측면에서 해석될 수 있다. 인생 경로에 쌓이는 다양한 경험들에 대해 진로 측면에서 살펴보고자 한다. 대부분의 부모들은 태동이 느껴지는 순간부터 태교를 시작하여 유·초·중·고 및 대학에 이르기까지 교육열에 집착한다. 그 열정적인 교육열은 미래의 직업과 진로에 대한 투자임을 알 수 있다. 사람들은 돌잔치에서 아이가 무엇을 잡는가에 가장 큰 관심을 갖는다. 또한 어른들은 아이들을 만나면 "너 꿈이 뭐니?"라는 질문을 자주 한다. 초등학교부터 고등학교까지 학생들은 진로희망을 말하고 학부모와 선생님의 지도 내용은 학교생활기록부에 기록된다. 우리는 삶의 과정 속에 어떤 직업을 가질까에 큰 관심을 가지고 있다.

꿈과 직업은 같은 것일까? 학생들에게 꿈을 물으면 대부분은 선생님, 의사, 변호사, 소방관 등의 직업을 말한다. 꿈으로 '선생님'이라고 말한 학생이 미래에 선생님이 되었다면 꿈이 이루어졌으며 그 이후의 꿈은 없는 것인가? 한 번쯤은 고민해 보아야 할 부분이라고 생각한다. 최근에는 꿈을 선생님이나 의사 등 명사보다는 "나는 학생들에게 지혜로운 지식을 전달하여 훌륭한 제자를 많이 두고 싶다." 또는 "나는 많은 사람들의 건강에 도움을 주는 일을 하고 싶다."와 같은 동사로 표현하는 이들이 늘고 있다.

우리나라에서 진로교육(Career Education)은 직업교육을 포함하는 넓은 의미로 1970년대에 등장한다. 초창기의 직업교육은 취업을 목적으로 직업을 구하거나 이직을 위한 사람들이 대상이었다. 직업의 목적이 생계수단에서 봉사, 자아실현 등이 추가되면서 평생교육과 모든 사람으로 대상을 확대하면서 진로교육에 관심을 나타내기 시작했다. 이후 진로교육이 초·중·고에서는 학교교육과정에 포함되고 2009개정 교육과정부터는 진로교육이 인간의 삶에 중요한 영향을 미치는 것으로 판단하고 별도의 교과로서 중요하게 다루어졌으며 필요성을 느끼게 되었다.

진로교육은 1800년도 후반 직업의 성공 여부를 판단하는 직업지도에서부터 시작되었으며 그 후 1960년대 후반 진로지도와 진로상담의 영역까지 포함하게 되었다.

진로교육의 개념은 다양한 견해를 가지고 있다. 임형택(1995)은 진로교육은 '미래의 준비'와 '잠재가능성의 개발'이라는 의미가 함축되어 이들 용어의 상위개념으로 보았다. 한국교육개발원(1989)은 진로교육은 '학교교육이 학생들을 행복한 개인으로, 그리고 생산적인 사회성원으로 육성함으로써 각 개인의 자아실현에 공헌해야 된다.'는 교육이념으로 해석한다. 이는 자아실현을 위해 적성에 맞는 직업을 선택하고, 그에 맞는 능력뿐만 아니라 인생의 모든 문제에 슬기롭게 대처하는 능력과 소양을 갖추는 것을 의미한다. 이러한 관점에서 진로교육은 학문지도와 직업지도를 통합하는 교육의 관점으로 볼 수 있다(이춘락, 1993).

Keith Goldhammer(1972)는 "진로교육은 개인이 참여하고 공헌하며, 전인적 인간이 되도록 돕는 교육의 가치를 강조하는 접근이다."라고 하였다. Taylor(1972)는 "학생들이 그들의 삶에 대하여 적절한 결정을 내리고 그들의 역할을 수행할 수 있는 능력을 배양하도록 돕기 위한 체계적이고 통합적인 과정"이라고 정의한다.

김충기(1991)는 진로교육을 "학생 개개인의 잠재가능성을 토대로 올바른 직업 및 참된 삶을 지도하는 조직적이고 체계적인 교육활동"이라고 정의하였으며, 이혜영(1997)은 "진로교육은 일의 세계에 참여하기 위해 준비시키는 과정을 통해 개인이 얻게 되는 경험의 총체로서 진로 의식의 발달, 진로와 관련된 자기탐색, 진로와 직업세계에 대한 지식습득, 진로계획 및 준비 등을 목적으로 한 교육활동"이라고 설명하고 있다.

Super는 진로의 의미를 '개인이 그가 되고자 하는 사람이 되는 방식으로 이러한 발달과업을 이행하는 생애 과정'이라고 제시하였다(김봉환 외, 2015).

진로교육은 넓은 의미의 직업교육으로 또 직업적성교육으로써 개인이 자신의 진로를 합리적으로 인식하도록 돕는 인간교육이며(김충기, 1995), 학생 스스로 자신의 적성, 흥미, 능력을 발견하고, 적합한 진로 선택과 합리적인 의사 결정을 하는데 필요한 지식과 기능을 획득하도록 하여 삶의 보람과 긍지를 느끼는 행복한 인생을 살도록 도와주는 과정이다(황유진, 2015).

진로교육은 진로에 대한 인식을 길러주고 이를 일상생활에서 다양하게 체험하게 함으로써 성공적인 자아실현을 돕고(조주원, 2016), 자신의 직업과 삶에 대한 준비과정으로 자신의 가능성, 흥미, 능력 등을 고려하여 합리적으로 진로를 결정할 수 있도록 도와주는 교육활동이다(김세연, 2016).

즉, 진로교육은 자신을 바르게 이해하고 합리적 의사결정을 내릴 수 있으며 다양한 직업 세계를 탐구하는 등 자신의 적성과 흥미를 고려한 모든 진로 관련 교육활동이라고 할 수 있다.

02 진로발달 이론과 자기이해

진로발달은 관점에 따라 구조론적/사회학적/발달론적/과정론적 이론으로 나누어 볼 수 있다.

구조론적(특성) 이론은 내적요인, 즉 개인의 특성에 맞는 직업을 선택한다는 의미로 메슬로우(Maslow)의 욕구 이론과 성격에 따라 6가지로 구분하는 홀랜드(Holland)의 성격 유형 이론이 있다. <그림 1>과 같이 욕구 이론에 의하면 인간은 하위 욕구가 충족되어야 상위 욕구로 이동하며 이와 같은 심리적 욕구를 충족시켜주는 직업을 선택하려는 경향이 있다. 이러한 욕구는 부모의 양육 방식에 따라 달라진다고 본다.

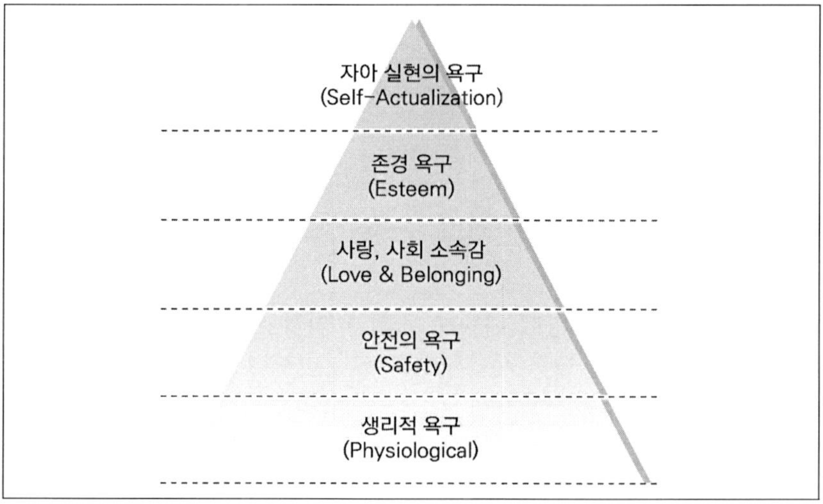

〈그림 1〉 메슬로우(Maslow)의 욕구 이론

성격 유형 이론은 <그림 2>와 같이 사람을 6가지(현실적, 탐구적, 예술적, 사교적, 설득적, 관습적) 성격 유형으로 나누고 그 유형에 따라 맞는 직업이 있다고 보는 것이다.

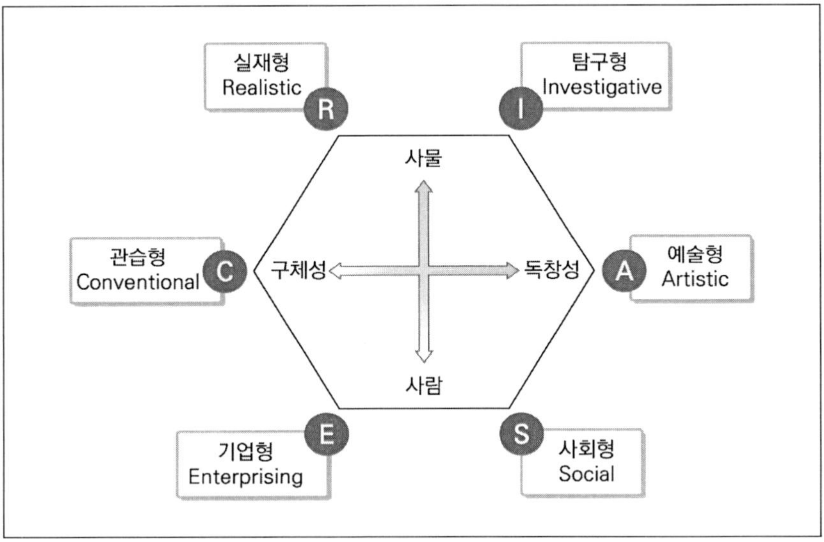

〈그림 2〉 홀랜드(Holland)의 성격 유형

사회학적 이론은 외적요인, 즉 부모의 지위와 같은 사회적 구조가 직업 선택에 결정적 영향을 미친다는 이론으로 Hollingshead, Sewell 등이 주장하였다.

발달론적 이론은 진로 선택에 내적 요인과 외적 요인이 모두 영향을 받으며 전 생애에 걸쳐 발달한다는 관점의 이론으로 수퍼(Super) 등이 주장하였다. 수퍼는 <그림 3>과 같이 생애를 성장기(14세 이전), 탐색기(15~24세), 정착기(25~44세), 유지기(45세~64세), 쇠퇴기(65세 이상), 5단계로 구분하고 진로의식의 발달 과정이 자아실현이라고 보았다.

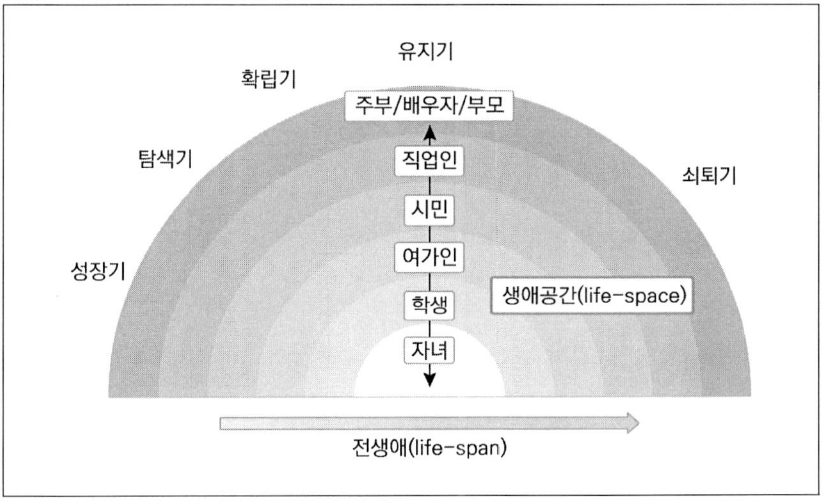

〈그림 3〉 수퍼(Super)의 전 생애 발달 이론

과정론적 이론은 진로를 결정할 때 그 과정 자체에 관심을 가지는 이론으로 겔라트(Gelatt)의 8단계 의사결정 과정 이론, 인지적 정보처리 이론, 반두라(Bandura)와 크럼볼츠(Krumbultz), 미첼(Mitchell)의 사회적 학습 이론 등이 있다. 8단계 의사결정 과정 이론은 합리적 사고 과정을 중시하고 목적의식 → 정보수집 → 대안열거 → 대안결과 예측 → 대안 실현가능성 예측 → 가치평가 → 의사결정 → 평가 및 재투입의 8단계를 거친다. 인지적 정보처리 이론은 컴퓨터 정보처리 이론과 유사하며 인지적 사고과정과 정의적 측면의 상호작용을 중시한다. 사회적 학습 이론은 <그림 4>와 같이 행동주의에 뿌리를 두고 있다.

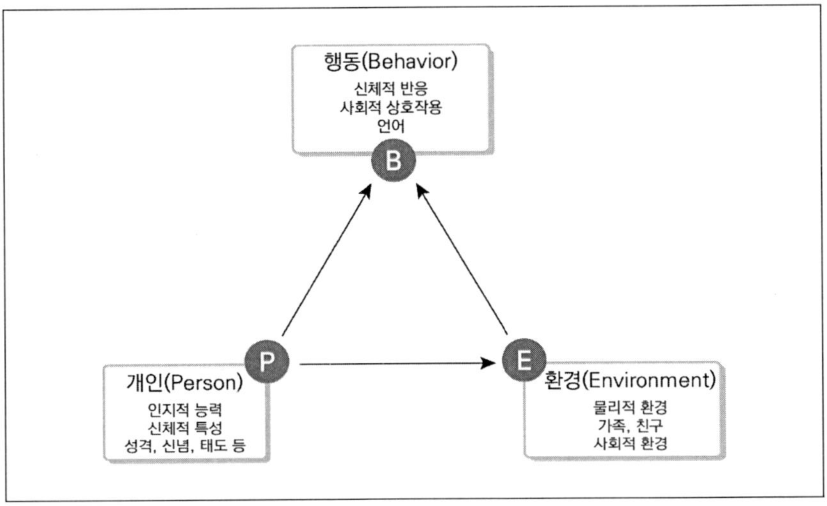

〈그림 4〉 반두라(Bandura)의 사회학습 이론

<그림 5>와 같이 크럼볼츠(Krumbultz)는 직업 선택은 개인의 타고난 특성에 의존하기보다는 학습에 의해 변화할 수 있다고 주장하였다.

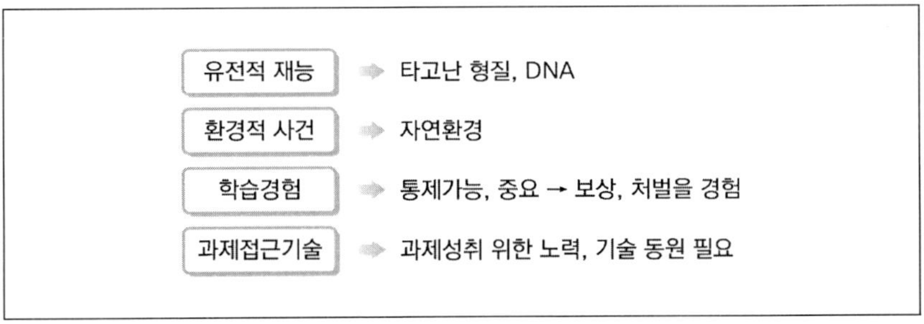

〈그림 5〉 크럼볼츠(Krumbultz)의 진로선택 4가지 조건

개인의 특성과 직업 선택이 서로 연관성이 있다는 사실은 대부분 학자들이 공감한다. 개인적 특성을 타고난 것으로 볼 것인가와 발전적

가능성으로 볼 것인가는 학자마다 차이를 보이고 있으나 최근 발달론적 이론이 우위를 점하고 있다고 볼 수 있다. 개인적 특성으로 적성, 흥미, 성격, 가치관 4가지에 대해 알아보고자 한다.

적성은 특정 분야에 대한 능력의 정도나 그 능력의 발현 가능성을 의미하는 것으로 직업의 성공가능성을 예언해주는 요인이다(이재창, 2005). 적성은 특정한 임무를 수행하는 개인의 능력 또는 잠재적 능력으로 일반적인 지능과는 구분되며 직업에서 그 직무를 성공적으로 수행할 수 있는지를 예측해 주는 요인이다. 적성의 구성요인으로는 일반적성능력, 언어능력, 수리능력, 공간지각능력, 수공능력, 운동조절능력, 사무지각능력, 형태지각능력 등이 있다(김봉환, 정철영, 김병석, 2006).

적성검사는 성공 예언을 위한 하위요인에 초점을 맞춘 다요인검사이며, 학생들에게는 자기성찰의 기회이면서 직업에서 요구하는 다양한 능력의 중요성을 인식하는 교육적 효과가 있다(임언, 김태선, 2003).

교육부의 커리어넷(www.career.go.kr)에서는 <그림 6>과 같이 직업적성검사 12개 항목을 5단계 능력으로 측정하는 도구를 무료로 제공하고 있다.

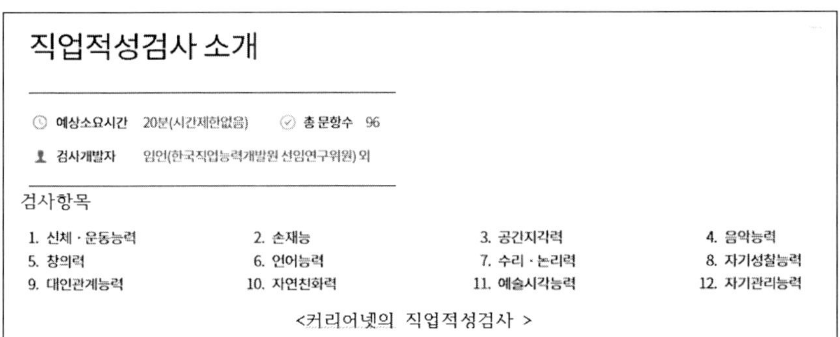

<커리어넷의 직업적성검사 >

〈그림 6〉 커리어넷의 직업적성검사

흥미는 그 일에 대한 보람, 즐거움, 행복감 등을 가져다주는 요인으로 특정한 활동 또는 사물에 대한 관심이나 주의를 가지는 개인의 일반화된 경향이다. 적성이 인지적 요인이라면 흥미는 정의적 요인으로 진로교육과 상담에 있어 중요한 특성이라고 볼 수 있다. Sharf(2006)는 다양한 직업 중에서 하나의 직업을 선택하는 특성으로 적성보다는 흥미가 더 정확하게 예측된다고 하였다. 흥미는 일에 대한 만족과 욕구 충족에 관계가 많으며 성장에 따라 변화하며 아동기보다는 성숙하면서 더 안정되는 경향이 있다.

교육부의 커리어넷(www.career.go.kr)에서는 <그림 7>과 같이 직업흥미검사(K)와 <그림 8>과 같이 직업흥미검사(H)를 제공하고 있다.

직업흥미검사(K) 소개

예상소요시간 15분(시간제한없음) 총 문항수 96

검사개발자 정윤경(한국직업능력개발원 부연구위원), 김나라(한국직업능력개발원 전문연구원)

검사항목

ㄱ. 다양한 직업에서 이루어지는 활동들에 대한 흥미도 검사
ㄴ. 일상생활에서 실제 경험해 볼 수 있는 활동들에 대한 흥미도 검사
ㄷ. 유사한 직업들에 대한 흥미도 검사

〈그림 7〉 커리어넷의 직업흥미검사(k)

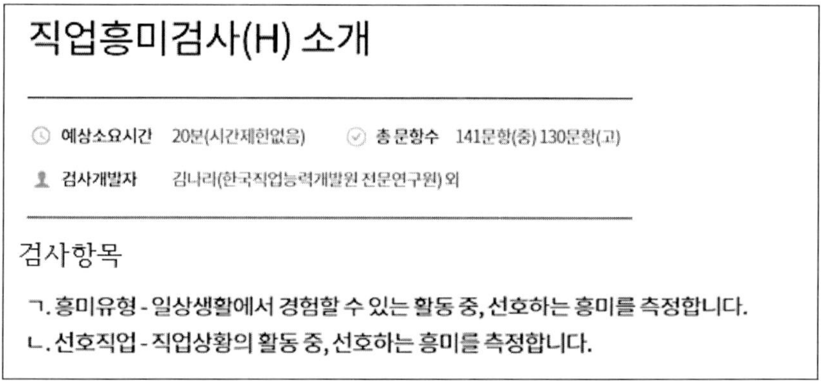

〈그림 8〉 커리어넷의 직업흥미검사(H)

성격은 환경에 대해 적응을 결정하는 개인의 특성, 기질, 지능, 그리고 신체적인 것의 통합된 체제이다(이재창, 2005). 성격에 대해 알포트(Allport)는 개인의 특징적인 행동이나 사고를 결정하는 개인의 내재한 모습으로, 로저스(Rogers)는 우리 모든 경험의 중심이 되는 자아로서 조직되고 항구적으로 지각된 실체로 보았다. 성격은 비교적 안정적인 패턴을 가지고 있으며(노안영, 강영신, 2002), 발달적 접근보다는 개인 특성에 더 영향을 받는다고 볼 수 있다.

교육부의 커리어넷(www.career.go.kr)에서는 <그림 9>와 같이 진로성숙도검사로 8개 항목을 백분위와 3단계로 측정하는 도구를 제공하고 있다.

진로성숙도검사 소개

예상소요시간 20분(시간제한없음) 총 문항수 64

검사개발자 임언(한국직업능력개발원 선임연구위원) 외

검사항목

1. 진로성숙 태도 (계획성, 직업에 대한 태도, 독립성)
2. 진로성숙 능력 (자기이해, 정보탐색, 합리적 의사결정, 희망직업에 대한 지식)
3. 진로성숙 행동 (진로탐색 및 준비행동)

〈그림 9〉 커리어넷의 진로성숙도검사

가치관은 개인이 어떤 상황에서 선택이나 결정을 내릴 때 특정한 방향으로 행동하게 하는 원리나 믿음 또는 신념을 말한다. 가치관은 옳고 그름을 판단하거나 아름다움과 추함을 결정짓는 잣대로서 부모 등 주변 환경에 의해 장기간에 걸쳐 형성된다. 사람은 개인의 가치관에 따라 내적 가치와 외적 가치 등을 판단하여 직업을 선택하는 경향이 있다.

교육부의 커리어넷(www.career.go.kr)에서는 <그림 10>과 같이 직업가치관검사를 8개의 항목에 대해 백분위와 3단계로 측정하는 도구를 제공하고 있다.

직업가치관검사 소개

예상소요시간 10분(시간제한없음) 총 문항수 28

검사개발자 임언(한국직업능력개발원 선임연구위원), 최수정(한국직업능력개발원 전문연구원)

검사항목

1. 능력발휘	2. 자율성	3. 보수	4. 안정성
5. 사회적 인정	6. 사회봉사	7. 자기계발	8. 창의성

〈그림 10〉 커리어넷의 직업가치관검사

03 학교와 성인의 진로교육

교육부와 한국직업능력개발원은 '2018년 초·중·고 학생 진로교육 현황조사'의 결과를 발표하였다. 조사는 2007년부터 매년 학교급별 진로교육의 전반적인 현황을 조사한다.

▌초·중등 진로교육 현황조사 개요

- (조사근거) 「진로교육법」 제6조 및 「통계법」 제7조
  ※ 통계청 승인번호: 112016호(2015.07.24. 승인)
- (조사기간/방법) '18. 6. 12.~7. 20.(5주간), 온라인 조사
- (조사대상) 초·중·고 1,200교의 학생, 학부모, 교원 총 47,886명
  - 학생: 27,265명(초6 : 8,597명, 중3: 9,122명, 고2 : 9,546명), 학부모: 17,821명
  - 교원: 2,800명(학교관리자: 1,200명, 진로전담교사: 1,200명, 담임교사(고): 400명)
- (조사기관) 한국직업능력개발원
- (조사내용) 학교 진로교육 환경(예산, 조직, 공간), 프로그램, 학생·학부모·교사의 인식 및 요구사항 등(158개 항목)
- (자료공개) 국가통계포털(www.kosis.kr) 및 진로정보망(www.career.go.kr) 탑재

교육부는 학생과 교사, 학부모의 진로에 대한 설문결과에 대해 다음과 같이 분석하였다.

학생 대상 조사 결과

- 2018년 학생 희망직업 조사 결과, 2017년 대비 새로운 직업이 다수 등장하였고 의료·이공 계열 직업이 보다 다양해졌다. 초등학생의 경우 인터넷방송진행자(유튜버), 중학생은 뷰티디자이너, 연주·작곡가, 고등학생은 뷰티디자이너, 생명·자연과학자 및 연구원이 10위권에 새롭게 이름을 올렸으며 <그림 11>과 같이 희망직업 상위 10개 합의 비율이 낮아져(초: 2007년, 71.8% → 2018년, 50.5%) 다양해졌음을 알 수 있다. <그림 12>와 같이 초·중·고 모두 교사의 희망직업 비율이 낮아지는 추세이며, 초등학교의 경우 운동선수가 희망직업 1위로 나타났다.

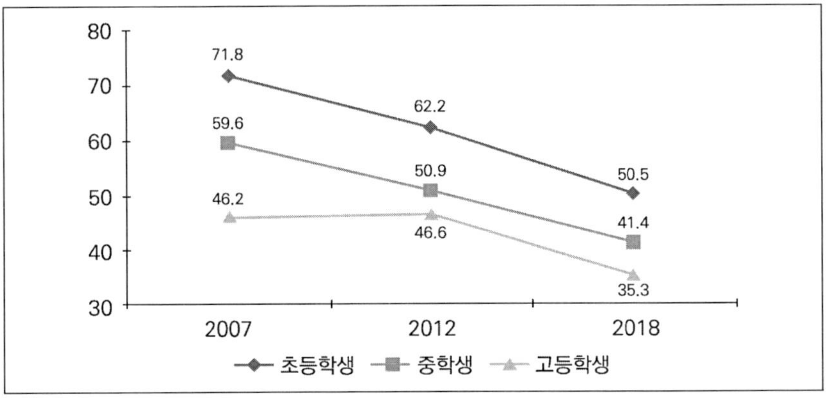

〈그림 11〉 희망직업 상위 10개 비율의 합 변화 추이

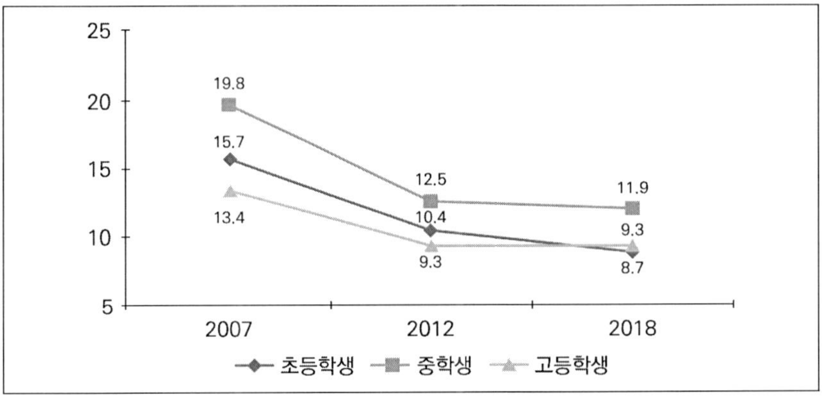

〈그림 12〉 교사 희망 비율 변화 추이

- 학생들이 희망직업을 선택한 이유는 초·중·고 모두에서 1. '내가 좋아해서'(초 56.3%, 중 51.8%, 고 48.6%) 2. '내가 잘할 수 있어서'(초 16.6%, 중 19.6%, 고 21.4%)가 상위 1, 2위를 차지했다. 3위의 경우 초등학생은 '내가 아이디어를 내고 창의적으로 일할 것 같아서'(6.4%), 중·고등학생은 '돈을 많이 벌 수 있을 것 같아서'(중 5.8%, 고 6.5%)로, 초등과 중등이 차이를 보였다.

- 학교 진로체험 유형별 참여도와 도움 정도를 조사한 결과, 2017년 대비 참여도 및 도움 정도 모두 상승하였고, 참여도는 직업인 특강·멘토링(중 77.5%, 고 76.3%)과 현장견학(중 76.7%, 고 51.2%)이 가장 높은 비율을 차지했다.

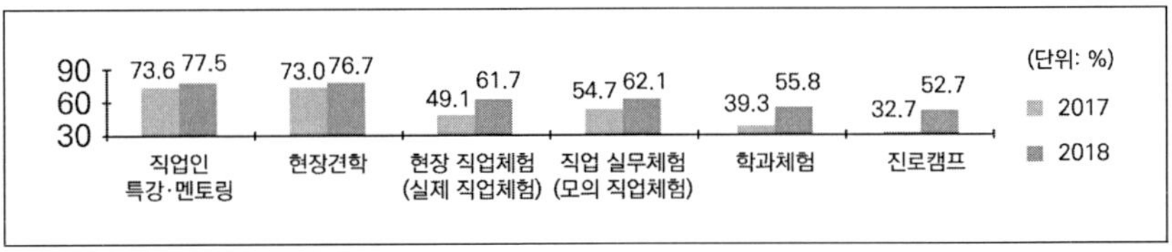

〈그림 13〉 진로체험 유형별 학생 참여도(중학생)

반면, 가장 도움이 되는 진로체험 유형은 중학생은 진로캠프(4.18점/5점), 고등학생은 현장 직업체험(4.04점/5점)을 꼽았다.

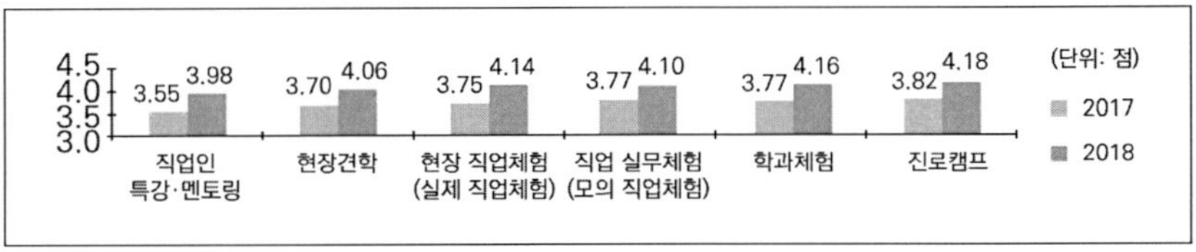

〈그림 14〉 진로체험 유형별 학생 도움 정도(중학생)

교사 대상 조사 결과

- 초·중·고에서 90%의 학교가 진로교육 계획 수립, 예산 편성, 전담 부서 설치 등 진로교육의 기본 운영체계가 마련되었다. 3개년 추이(2016~2018)를 보면 초등학교의 예산 편성률(73.4% → 83.2%)과 초·중학교의 전담 부서 설치율(초 62.3% → 88.7%, 중 78.8% → 92.6%)이 급격히 증가한 것을 알 수 있다. 자유학기제 실시 등으로 소질·적성에 맞는 진로교육의 중요성이 부각됨에 따라 초·중학교의 예산 편성, 부서 설치에 영향을 준 것으로 보인다. 학교급별 진로교육 예산은 1개교당 초 560.68만원, 중 1,161만원, 고 1,693만원이었고, 학생 1인당 초 2.31만원, 중 6.84만원, 고 4.52만원으로 나타나, 2017

년(초 1.32만원, 중 5.24만원, 고 3.40만원)에 비해 모든 학교급에서 진로교육 예산이 증가했다.

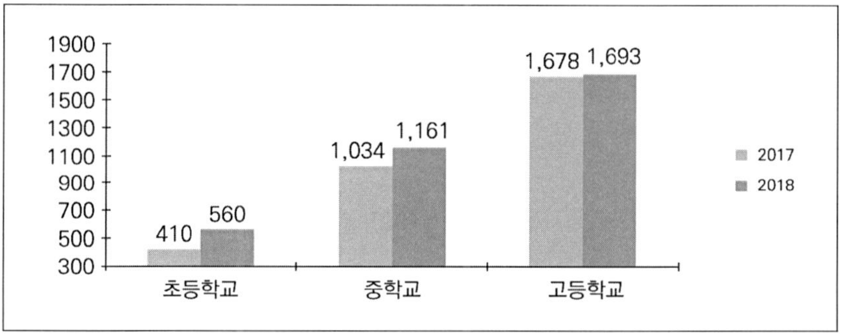

〈그림 15〉 학교당 진로교육 예산 규모

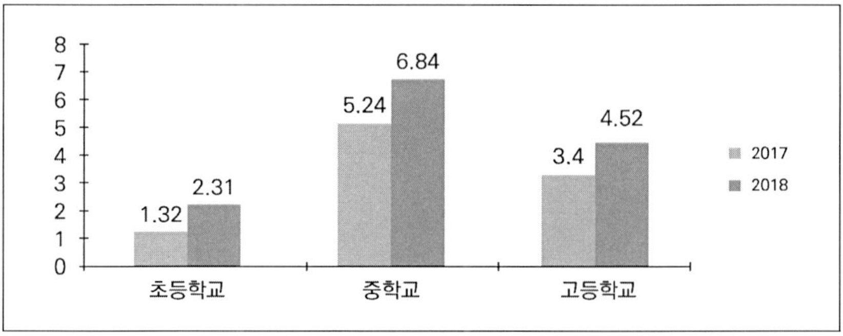

〈그림 16〉 학교 1인당 진로교육 예산 규모

- 교과연계 진로교육은 초 96.1%, 중 75.9%, 고 59%로 초등학교 비율이 가장 높았으며 초등학교의 경우 담임교사가 모든 과목을 가르치므로 교과연계 진로교육이 높게 나타난 것으로 판단된다.

학부모 대상 조사 결과

- 학부모를 대상으로 학교 진로교육 참여 경험을 조사한 결과, 초(25.2%) · 중(29.8%) · 고(26.8%) 모두 학부모를 위한 진로 연수나 특강에 참여한 경험이 많았다. 그 외에 학부모 직장을 진로체험처로 제공(10.4%)하거나, 학부모가 진행하는 진로특강 및 멘토활동 참여(10.2%), 학부모 진로코치 활동(9.2%)을 통해 자녀 진로지도에 참여하고 있었다. 자녀 진로지도 역량 강화를 위해 필요한 사항을 조사한 결과, 초(64.5%) · 중(63.4%) · 고(59.1%) 학부모 모두 진로지도를 위한 자료 · 정보 제공에 대한 요구가 가장 높았다.

초등학교의 진로교육[1]

초등학교의 진로교육은 2015개정 교육과정 창의적 체험활동의 4가지 영역 중 '진로활동'에서 다룬다. 진로활동의 목표는 흥미, 소질, 적성을 파악하여 자아 정체성을 확립하고, 자신의 진로를 개발하여 지속적으로 발전시키는 것이다. 진로활동은 학생이 건강한 자아이해를 바탕으로 긍정적인 자아개념을 형성하고 타인과의 의사소통 역량을 넓혀가는 가운데 일과 직업의 세계에 대한 이해 및 건강한 직업의식을 지니며 자신의 진로를 주도적으로 탐색할 수 있도록 돕는 활동이다. 2015개정 교육과정 초등학교 창의적체험활동 진로활동의 주요내용을

1 참고: 이승미, 2015개정 교과 교육과정 시안 개발 연구 II, 창의적 체험활동 교육과정, 2015.

<표 1>과 같이 나타내었다.

▼〈표 1〉 2015개정 교육과정 초등학교 진로활동

대상	진로 활동	진로교육 주요 내용
1~2학년	자기이해활동	• 자기이해활동을 통해 긍정적인 자아개념과 대인관계 및 의사소통의 기초를 형성
3~4학년	진로탐색활동	• 일과 직업의 기능과 중요성을 알고 최선을 다하는 생활태도와 건강한 직업의식을 형성 • 자신의 진로를 위해 학습의 중요성을 이해하고 다양한 방법으로 주위의 직업을 탐색하고 수집하는 능력을 배양
5~6학년	진로설계활동	• 사춘기가 시작되면서 학생들의 자아 탐색과 자신의 정체성 확립 • 긍정적 자아개념을 형성하고 일의 중요성을 이해하며 진로탐색과 계획 및 준비를 위한 진로 기초소양을 배양

이를 종합하여 초등학교 봉사활동 목표를 설정하면 다음과 같다.

긍정적 자아개념을 형성하고 일의 중요성을 이해하며 자신의 진로를 개발하기 위한 진로 기초소양을 함양한다.

진로 활동 사례

① 관련 영역과 활동: 진로 활동의 자기이해활동

② 활동 내용: 나의 강점 증진활동

③ 관련 역량: 자기관리 역량

④ 타 교과와의 관련성: 도덕 교과

⑤ 교수·학습 방법 및 유의사항

[방법 1]

- 모둠 활동을 통한 나의 습관을 Thinking-Maps로 표현하기
- 나의 습관과 좋아하는 것, 장점, 강점 등과 연결하기
- 나의 강점을 더 강하게 만들 수 있는 3행시 짓고 발표하기

[방법 2]

- 자신의 고치고 싶은 습관이나 좋은 습관 등을 소개하는 Thinking-Maps로 표현하기

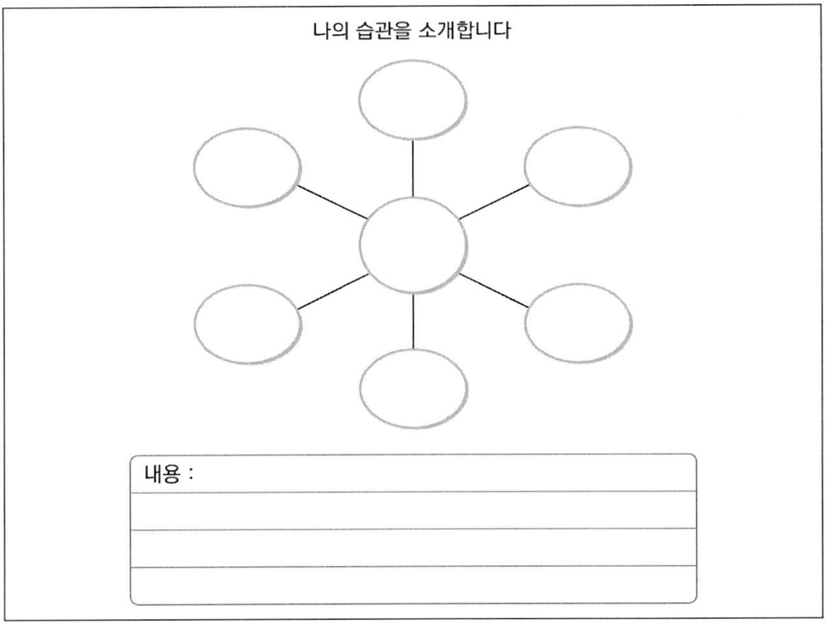

〈그림 17〉 Thinking-Maps

- Thinking-Maps로 표현한 나의 습관을 좋아하는 것, 장점과 강점 등과 연결하기

  예 나는 틈이 나면 자주 그림을 그립니다. 그래서 어떤 것이든지 실제 모습과 비슷하게 그릴 수 있습니다.

- 자신의 이름 또는 장점이나 강점의 특징이 잘 드러나는 상징적인 이름을 붙여 앞으로 장점이나 강점을 더 기르려는 노력이 담긴 3행시를 지어 발표하기

  예 발명품 만들기를 좋아하고 호기심이 많은 친구의 경우

이: 이 시대를 더욱 편리하고 즐겁게 지낼 수 있는 명: 명품 중에 명품이 되는 발명품을 만들어 선: 선진국이 되는 우리나라를 만들겠습니다.

- 자신의 장점, 강점을 앞으로 하고 싶은 일과 연계하되 더 노력해야 할 점이 무엇인지 스스로 파악할 수 있도록 하기

[방법 3]

- 자신의 습관과 장점, 강점 등을 가감 없이 솔직하게 표현하도록 지도하며 공감하는 자세로 발표를 듣도록 지도한다.
- 고치고 싶은 습관도 제시될 경우 이를 허용하고 노력을 통하여 장점으로 바꾸도록 지도한다.
- 나의 강점을 더 강하게 만들 수 있는 구체적인 노력이 드러나도록 하여 이를 진로활동과 연계시켜 지도한다.

중 · 고등학교의 진로교육

중·고등학교의 진로교육의 특징은 첫째, '진로와 직업' 선택 과목을 진로 담당교사가 정규교과 시간에 수업을 직접 진행한다. 둘째, 중학교의 경우 진로교육의 중요성을 인식하여 자유학기제를 넘어 많은 학교에서 자유학년제를 실시하고 있다. 셋째, 창의적 체험활동의 진로활동이 학생 중심으로 체계적으로 운영된다.

중학교 진로교육의 목표는 학생이 자신의 진로를 창의적으로 개발하고 지속적으로 발전시켜 성숙한 민주시민으로서 행복한 삶을 살아갈 수 있는 역량을 기르게 하는 데 있다. 이에 따라 중학교 '진로와 직업' 교육과정은 초등학교에서 함양된 학생의 진로개발 역량의 기초를 발전시켜 다양한 직업 세계와 교육 기회를 탐색하고, 중학교 이후의 진로를 디자인하고 준비하는 것을 목표로 한다.

고등학교 진로교육의 목표는 학생이 학생 자신의 진로를 창의적으로 개발하고 지속적으로 발전시켜 성숙한 민주시민으로서 행복한 삶을 살아갈 수 있는 역량을 기르게 하는 데 있다. 이에 따라 고등학교 '진로와 직업' 교육과정의 목표는 일반고의 경우, 미래 직업 세계 변화에 대한 이해를 바탕으로 자신의 진로 목표를 세우고 구체적인 정보 탐색을 통해 고등학교 이후의 진로계획을 수립하고 실천하는 것이다. 특성화고의 경우, 중학교까지 형성된 학생의 진로개발역량을 향상시키고 고등학교 이후의 진로를 디자인하고 실천하기 위해서 준비함을 목표로 한다. 중·고등학교의 영역에 대한 내용요소는 <표 2>와 같다.

▼〈표 2〉 2015개정 교육과정 중 · 고등학교 '진로와 직업' 교과

영역	중학교 내용요소	고등학교 내용요소
자아 이해와 사회적 역량 개발	• 자아존중감과 자기효능감 • 자신의 특성(적성, 흥미 등) 탐색 • 상황에 맞는 대인관계 능력 • 효과적인 의사소통 방법	• 자아정체감과 자기효능감 • 자신의 강점과 능력 • 자신의 대인관계 능력 • 상황에 따른 의사소통 능력
일과 직업세계 이해	• 직업의 역할, 다양한 직업 유형 • 사회 변화에 따른 직업의 변화 • 창업과 창직 • 직업에 대한 긍정적 가치관 • 직업인으로서의 직업윤리와 권리 • 직업에 대한 고정관념 극복	• 미래 직업세계와 인재상 • 직업세계 변화에 따른 자신의 진로 • 창업과 창직 • 직업 선택에 필요한 태도 • 직업인으로서의 윤리와 권리
진로 탐색	• 진로에서 학습의 중요성 • 고등학교 유형과 특성 • 체험활동을 통한 직업 정보 탐색 • 직업 정보를 활용한 직업 이해	• 진로에 대한 자기주도적 학습 • 대학 진학 정보 • 지속적인 진로개발을 위한 평생학습 • 관심 직업에 관련된 정보 • 직업 정보의 활용
진로 디자인과 준비	• 진로의사 결정 능력 함양 • 진로장벽 요인의 해결 • 잠정적인 진로 목표 설정 • 고등학교 진학 계획 수립	• 상황에 맞는 진로의사 결정 • 진로장벽요인의 해결 • 진로 목표에 따른 구체적인 진로 계획 수립 •진학계획의 점검과 보완 • 고등학교 이후의 진로계획 수립 및 실천

교수학습 방법으로는 인터넷, 직업 사전, 동영상, 성공 사례집, 신문 스크랩 등 다양한 정보원을 활용하고, 수업의 주제에 따라 강의, 토론학습, 문제해결학습, 프로젝트학습, 협동학습 등과 같은 다양한 교수학습 방법을 활용하며, 영역별 진로, 직업 관련 사이트나 표준화검사 등의 차별화된 자료를 활용한다.

그 밖에 멘토·멘티를 활용한 1대1지도, 정기적인 직업박람회 관람 및 체험, 진로캠프 등을 활용한 방법도 유용한다.

대학 및 성인의 진로(또는 직업) 교육

대학은 진로교육보다는 취업지도가 중점적으로 이루어지고 있다. 대학에서 이루어지는 진로 지원 방안을 살펴보면 첫째, 교내에 취업정보 센터 혹은 그 역할에 맞는 조직을 만들고 기업과 연계하여 정보를 제공하거나 특정한 직무 관련 프로그램을 운영하는 등의 역할을 한다. 둘째, 학생생활연구소의 역할이다. 대부분의 학교는 명칭과 조직은 다를 수 있지만 진학·취업에 관한 정보를 제공하고 상담지도와 대학생활 지도 등을 지원한다. 셋째, 학과에 따라 다소 차이는 있지만 취업을 중심으로 교육과정을 편성·운영하는 경향이 나타난다. 넷째, 기업에서 요구하는 능력에 맞추어 학교와 기업이 공동으로 교육과정을 개발하여 운영하는 산학협동 교육 프로그램을 실시하기도 한다. 그 밖에 취업 지도교수 제도를 활용한 진로·취업이 이루어지는 경우도 있다.

성인의 진로교육은 이직 혹은 재취업 관련 교육이 대부분일 것이다. 레빈슨은 생애를 아동 및 청소년기, 성인 초기, 성인 중기, 성인 후기로 구분하고 각 단계에서 다시 안정기와 전환기를 거쳐 다음 단계로 넘어간다고 보았다. 취업을 하여 안정적 시기를 보낸 다음 다시 새로운 도약 또는 쇠퇴의 전환기를 거치게 된다. 이 전환기에서 성인의 진로교육의 수요가 증가하게 될 것이다. 성인기의 진로교육은 평생학습에 참여, 일과 삶의 통합적 이해, 진로 전환 및 자아실현 등에 목표와 내용으로 구성되어진다.

성인 진로교육은 근로자직업능력개발법과 평생교육법, 학원의 설립·운영 및 과외 교습에 관한 법률에 의해 설립된 국가 또는 민간단체가 대부분 담당하고 있다. 선진국으로 갈수록 성인에 대한 국가지원 진로교육이 증가하며 무료교육이 확대되고 있다. 성인교육의 원리는 자기주도적 학습과 체험형 참여학습 형태로 이루어져 교육적 의미가 크다고 볼 수 있다. 교육방법으로는 집체식 교육훈련, 시범실습, OJT, 멘토링, 개인 상담, 집단 프로그램 등이 활용되고 있다.

04 결론: 미래 진로교육의 방향

미래사회의 직업 변화

미래의 직업의 변화는 지금보다 훨씬 빠르게 진행될 것이라고 보는 시각은 모든 사람들이 공감할 것이다. 4차 산업혁명의 도래를 계기로 자율주행 자동차와 도시 농업, AI, 로봇 등 사회가 급변하고 있다. 미래사회의 직업 변화는 다음과 같은 방향성을 가질 것이다. 첫째, IT 기술의 발전에 따라 대부분 직무에 디지털 기술의 접목과 네트워크 연결, 기계 자동화, 소프트웨어 활용이 확대될 것이다. 그에 따라 산업 현장에서는 단순 업무부터 로봇이 인간을 대체하여 일자리가 줄 것으로 예상되며, 프로그래머나 자동화 기술 및 AI 전문가 등의 고용은 늘어날 것이다. 둘째, 인구구조의 변화, 즉 저출산 및 고령화 사회의 진입에 따라 노동 인구가 감소하고 건강에 대한 관심은 증가할 것이다. 그에 따른 복지정책 및 의료보건 서비스 산업 분야의 확대가 전망된다. 셋째, 가치관의 변화에 따라 여가 및 문화생활, 성인지적 관점, 개성 존중 등이 중요시 되면서 힐링, 문화 콘텐츠 등 감성적 자극을 줄 수 있는 직업이 늘어날 것이다. 넷째, 에너지와 기후 변화에 대한 관심도가 높아지고 있다. 그에 따라 태양광 및 풍력 등의 친환경 에너지, 지구온난화 대비, 수소전기차, 미세먼지 감축 등과 관련된 직업이 늘어날 것으로 기대된다(정영철, 2015).

미국의 언론사 CNN(2015)은 사라질 가능성이 높은 직업으로 모델, 스포츠 심판, 준 법률가, 텔레마케터 등을 언급하였고, 아메리카 은행에서는 여행가이드, 제빵사, 정육업자, 제약사, 보험판매업자, 소매업자, 세무사 등을 꼽았다. 이에 반해 옥스퍼드 대학에서 연예인, 작가, 영화감독, 운동선수, 화가, 조각가 등은 미래에도 유지될 가능성이 높다고 보았다. 미래에는 단순하고 위험하고 힘든 직업은 AI와 로봇으로 대체될 가능성이 높으며 인간의 감성을 자극하고 창의적이고 종합적 사고력을 필요로 하는 직업은 유지 또는 확대될 가능성이 높다.

진로교육이 나가야 할 방향

이제 진로교육의 중요성은 더 이상 강조하지 않아도 될 만큼 자리를 잡아가고 있다. 진로교육이 체계적이고 광범위하게 정착이 되기를 바라는 마음에서 다음과 같이 몇 가지를 제안하고자 한다.

진로교육은 큰 틀에서 직업적 접근보다는 광의적 접근으로 역량중심의 진로교육이 되어야 한다. 인간은 생애 동안 흥미 및 가치관의 변화에 따라 진로 희망이 변할 가능성이 많으며, 사회·문화·산업구조·국제정세 등 변화에 따라 직업 구조가 빠르게 변하기 때문에 기능과 지식 중심보다는 핵심 역량 중심의 진로교육이 되어야 한다.

초등학교 교육과정에서 진로교육은 창의적 체험활동의 진로활동이 주를 이루고 있는데 다양한 교과에서 진로교육을 함께하는 것이 중요하다. 초등교사에 대한 진로교육이 체계적으로 이루어질 수 있도록 주기별 진로교육 연수가 필요하다.

중·고등학교의 진로교육은 자유학년제 및 진로와 직업 교과 운영, 진로교육 전담교사 배치 등으로 체계적이고 심층적으로 이루어지고 있다. 진로교육을 지원하는 자치구 및 시·군의 진로직업체험센터에서도 학생들이 진로체험을 하는 데 많은 도움을 주고 있으며, 시·도교육청 및 지자체에서 운영하는 진로체험 박람회는 다양한 직업의 관련 내용을 한 번에 해결할 수 있는 통로로 자리를 잡고 있다. 초·중·고 교사들의 진로역량 강화 측면에서는 직무연수보다 교사가 직업 현장에 나가 진로체험을 해보는 정책을 운영하는 것이 필요하다. 각 교육청과 기업 등이 MOU를 체결하고 DB화하여 학교에 안내한 다음 방과후 또는 방학을 이용하여 교과 관련 직업체험을 하는 것이다. 이 체험 시간을 연수로 인정해 주는 정책은 교사들의 진로 마인드를 제고할 수 있는 좋은 기회가 될 것이다.

대학의 진로교육은 학과 및 교육과정의 변화에서 출발해야 한다. 대학은 빠른 사회변화에 따라 맞춤형 교육과정으로 접근하여 직무에 필요한 역량을 기를 수 있도록 대처해야 한다. 교수는 학생과 기업 전문가를 초빙하여 학과에 관련 기업의 직무분석을 충실히 하여 핵심역량을 추출한 다음 그에 맞는 교육과정을 설계하고 학생과 소통을 통한 진로 상담 등의 지원에 힘써야 한다. 대학은 학생들의 진로 희망과 기업의 니즈를 심층 분석하고 연계시키는 조직과 정책을 만들고 이를 정착화시키는 데에 노력해야 한다.

진로 변경 또는 구직을 희망하는 성인들에게는 다양한 평생교육 프로그램 제공 등의 지원이 필요하다. 국가는 이직 또는 구직을 위한 단기 또는 중·장기 프로그램 정책을 통해 국민들에게 희망을 주어야 한다. 국가는 수요자 중심에서 접근성 및 경제적 부담, 교육의 질 관리, 이수자의 취업 등 종합적 차원에서 정책을 만들고 지속적으로 내실 있게 운영되고 있는지 살피고 누구나 쉽게 이해할 수 있도록 홈페이지 등에 안내를 하여야 한다. 또한 국가와 사회는 사회적 약자에 대한 고려도 필요하다. 미래는 기술의 고도화로 사회적 약자를 고용할 수 있는 직업이 사라질 수 있는 가능성이 높지만 이를 유지시킴으로써 경제적 가치의 손해보다 사회적 가치로 얻는 이익이 많이 있을 수 있음을 잊지 말아야 한다.

참고문헌

교육부 (2015). 교육부 고시 제2015-80호 [별책 1] *초·중등학교 교육과정 총론*.

한혜정 외 (2015). 2015 개정 교육과정 총론 해설서(중고등학교) 개발 연구.

교육부 (2015). 교육부 고시 제2015-74호 [별책 18] 중학교 선택 교과 교육과정.

임형택 (1995). 대학생 진로교육 프로그램 개발을 위한 기초연구. *광주대학교 學生生活研究, 2*, 17-36.

이춘락 (1993). 공업고등학교 학생들의 진로교육에 관한 연구. 단국대학교 교육대학원 석사학위논문.

김충기 (1991). 進路發達理論에 관한 研究: 進路相談을 위한 基本前提를 중심으로. *建國大學校 學術誌, 35*(1), 367-395.

김충기 (1995). 대학에서의 진로지도에 관한 연구. *건국대학교 교육연구소 논문집. 19*, 73-103.

이혜영 (1997). 중학교 진로지도 개선방안 연구. 한국교육개발원, 173-177.

송동윤 (2003). 대학 차원의 인적자원개발 전략과 대학생의 진로선택의 관계에 있어서 진로인식의 조절효과에 관한 연구. 연세대학교 석사학위논문.

황유진 (2015). 체험활동 중심의 진로교육 프로그램이 발달장애 아동의 진로인식에 미치는 영향. 대구대학교 석사학위논문.

조주원 (2016). 표현중심 SCEP 진로교육 프로그램이 초등학생의 진로인식과 자아개념에 미치는 효과. 공주교육대학교 교육대학원 석사학위논문.

김세연 (2016). '창의적 진로개발프로그램'이 초등학생의 진로발달과 성취동기에 미치는 영향. 서울교육대학교 석사학위논문.

김봉환, 정철영, 김병석 (2006). 학교진로상담. 서울: 학지사.

노안영, 강영신 (2002). 성격심리학. 서울: 학지사.

한국교육개발원 (1989). 고등학교 진로교육 지도안. 서울: 삼진인쇄.

이재창 (2005). 여성가출청소년을 위한 진로설계프로그램의 개발 및 효과. 숙명여자대학교. 국내박사학위논문.

정영철 외 (2015). 우리나라 진로교육 현황 및 발전 방향 연구. *진로교육연구, 28*, 155－171.

교육부 커리어넷(https://www.career.go.kr)

교육부 (2018). 2018 초중등 진로교육 현황조사 결과 발표(2018.12.14.) 보도자료.

이승미 (2015). 2015 개정 교과 교육과정 시안 개발 연구 II, 창의적 체험활동 교육과정.

CNN(2015). 머니, 페이 스케일 공동조사(2015.1.9)

Keith Goldhammer (1972). Career education; perspective and promise [compiled by] Keith Goldhammer [and] Robert E. Taylor.

Sharf, R. S (2006). Applying Career Development Theory to Counseling (4th ed), Thomson, Brooks, Cole.

Taylor, R. E. (1972). Career Education: Perspectives and Promise. Columbus, Ohio: Charles E. Merrill Publishing Company.

CHAPTER

03

여성경력이음에 대한 고찰

CHAPTER

03

여성경력이음에 대한 고찰

이승주*

SUMMARY

우리 사회는 지금까지 경력을 '직업(Occupation)'이라고 생각해 왔다. 그러한 생각은 성인여성 중에 일부를 전업주부(비경제활동인구), 경력단절여성(구직자), 취업여성(직장인)으로 분류하였고, 더 나아가 경력단절여성을 취업취약계층으로 인식하여 취·창업 서비스를 포함한 구직활동지원을 해왔다. 그러나 현 시점에서 여성경력에 대한 미래지향적 고민과 그에 따른 현명한 지원책 마련이 요구된다. 오늘날 경력은 전생애를 통한 사회적 활동으로 간주되고 개인 중심의 개별적인 욕구 중심의 다양한 경력이 논의되고 있기 때문이다. 결과적으로 개인의 경력은 직장을 중심으로 한 직업경력에서 공동체에 기여하는 일거리(work)로 빠르게 인식 전환되고 있다. 현재와 같은 상황에서 우리는 기본논의로 돌아가 새로운 인식전환을 접붙임할 필요가 있다. 그래서 본 장에서는 그 동안의 성(性)에 대한 논의와 조직 안에서의 여성인적자원개발, 생애진로관점에서의 여성

* 부천여성청소년재단 정책개발부장(020001@bwyf.or.kr).

경력이음을 이야기하였다. 마지막으로 여성 개개인의 선택적 HRD를 위한 여성평생교육기관의 역할을 제시하였다.

KEY WORD

경력단절예방, 성인지관점, 여성경력이음

01

들어가며: 경력단절여성, 일의 현실과 대안

"사람들은 종종 제게 묻습니다. 여성 대법관이 몇 명이 되면 충분하다고 생각하시나요? 전 이렇게 답합니다. 9명 모두요. 미국 역사에서 대부분 대법관 9명이 모두 남자였어요. 그건 아무도 이상하게 생각하지 않잖아요."(루스 베이더 긴즈버그, 2018).

여성의 경력을 따로 떼어 이야기할 필요가 있을까? 이에 대한 가장 이상적인 답이 '아니다'라는 게 저자의 생각이다. 이에 본문에서 다루는 여성경력이음의 대상자는 일반여성이 아닌 취업취약계층[1]으로 정의된 '경력단절여성'임을 먼저 밝힌다.

'여성 경력단절'이란? 취업단절, 불연속 취업형 등과 함께 쓰이는 용어로 결혼, 가사, 육아 등으로 경제활동을 중단하였다가 일정 기간 후 다시 노동시장 복귀를 시도함에 따라 경험하게 되는 경력개발과정에서의 단절상태를 의미한다(김인선 외, 2006). 2008년 12월 6일부터 시행된 「경력단절 여성들의 경제활동 촉진법」이 제정되면서 '경력단절 여성'이라는 용어가 보편적으로 쓰이고 있는데, 동법 제2조 1항에서는 '경력단절 여성 등'이란 임신과 출산 및 육아와 가족돌보기 등의 이유로 경제활동을 잠시 중단하였거나 여성 중에서 경제활동을 전혀 한 적이 없으면서 취업을 희망하는 여성으로 정의하고 있다(국가법령정보센

1 취업취약계층: "취약계층"이란 자신에게 필요한 사회서비스를 시장 가격으로 구매하는데에 어려움이 있거나 노동시장의 통상적인 조건에서 취업이 곤란한 계층을 말한다(사회적기업육성법, 2012). 따라서 "취업취약계층"은 취업에 어려움을 겪는 집단(The hard－to－employpopulations)으로 정의할 수 있다.

터, 2018).

우리사회에 15세 이상 인구 중 취업자의 비율을 말하는 고용률을 살펴보면 2018년 10월, 한국 전체 고용율은 61.2%로 여성이 51.6%, 남성은 71.1%로 큰 성별격차를 보이고 있으며 선진국 여성보다 10% 정도 낮다. 연령대로 살펴보면 20대까지는 선진국과 비슷하나 30~40대에서 급격히 낮아지고, 60대는 오히려 선진국보다 높다. 선진국은 20대에 높아진 경제활동이 50대까지 이어지다가 60대에 급격히 하락하는 반면, 한국은 30~40대에 여성 경제활동이 하락한다.

여성의 경력단절 원인으로 결혼, 임신과 출산, 건강 그리고 가사(집안 일)와 같은 개인적인 부분이 있으며 그 외, 다른 직장으로 이직 또는 창업, 소득과 보수가 적어서 그리고 근무환경 등 구조적 문제점도 있다. 그리고 재취업동기가 높아지는 이유로는 경력단절 여성의 고학력화 현상과 시민운동의 발달, 자녀수의 감소, 여성의 교육기회와 사회참여확대 그리고 경제활동과 가정이라는 한정된 영역에서 생활하면서 단절감과 소외감을 느껴, 경력단절 여성 스스로 자아를 찾고 사회에 소속감에 대한 욕구가 생겨나면서 재취업에 동기가 생겼다(김경아, 2018).

경력단절여성 개인의 사회참여 요구가 증가하는 가운데, 최근 전문가들은 여성의 경제활동과 경영참여가 결국 기업을 성장시키는 데 도움이 될 것이라고 지적했다. 앞서 매킨지는 경영진에 성별 다양성이 높을수록 성과가 좋다는 보고서를 발행했고, 라가르드 IMF총재도 한국 노동시장에서 성차별을 없애면 GDP를 10%까지 올릴 수 있다고 발언한 바 있다(세계여성이사협회 한국지부 창립2주년 포럼, 2018).

경력단절여성의 노동복귀를 위한 기존의 지원사업으로는 여성가족부가 주도하는 경력단절여성 취업지원서비스(여성새로일하기지원센터)와 여성능력 개발을 위한 프로그램 지원, 자녀양육과 교육을 병행할 수 있는 시간제 일자리 확대, 자녀 보육에 대한 시설 및 지원 등이 있다.

경력단절여성의 노동복귀를 위한 새로운 전략은 진로선택 시 더 이상 자신의 특성이 아니라 내가 누구이며 어떤 가치를 실현하고 싶으냐의 정체성에 기반을 두어야 한다(Savickas, 2005). 이는 실상 일과 관련한 패러다임이 직업(직장)에서 직무로, 퍼스낼리티(개인특성)에서 아이덴티티(정체성)로 전환됨을 시사한다. 그러나 여전히 경력단절여성의 취업지원 서비스는 개인특성을 고려한 일자리매칭에 머물러 있다. 1909년 파슨스의 Vocation Guidance에 머물러 있는 취업지도에서 생애진로관점에서의 경력관리로 전환될 필요가 있다.

02 성역할 정체성과 성별 직종 분리

성역할 사회화와 관련하여 1949년 Beauvoir는 그의 저서 「제2의 성」에서 여자는 여자로 태어나는 것이 아니라, 여자로 만들어진다는 것을 지적한 바 있다. 오늘날에는 남성 또한 만들어지는 존재로 인식되며, 남녀 성차에 의한 단순한 구분으로 행해지는 성차별에 대한 민감성이 높아진 상황이고 그로 인해 여성의 사회·경제적 활동이 개선되었다는 인식이 일반적이다. 그러나 Beauvoir가 일찍이 통찰했듯이 가부장제 사회는 여자가 하는 일체의 직능에 예속의 형태를 부여하고 있고 오늘날 남성의 영역이라는 임금노동 세계에 진입하는 것은 당연한 일로 여겨지나 이것은 피상적인 변화일 뿐 여전히 비정규직, 낮은 임금, 유리천장 등 또 다른 형태의 예속에 들어가 있음을 알게 된다(이원심, 2016).

성역할(sex role)은 사회가 남성과 여성에게 일반적으로 남녀를 구분하는 특정화된 개념으로 Block(1973)은 성역할을 한 문화 안에서 규정하는 남성 혹은 여성의 특성으로 정의하였고, Ward(1973)는 한 문화 안에서 남성성 또는 여성성으로서 일반적으로 선정된 태도나 행동을 반영한 것이라고 하였다. 즉, 성역할은 여성과 남성이 속한 문화 속에서 어떻게 생각하고 행동해야 하는지에 대한 문화적 기대이다(김경옥, 2004; 허혜경, 박인숙, 2010).

사회화(socialization)는 한 개인이 사회적 역할에 필요한 지식, 기술, 태도, 역할 등을 배우면서 자신이 속해 있는 집단의 지위나 그와 관련된 역할들을 학습하고 내면화하여 사회구성원으로 통합하는 과정을 일컫는다. 그러므로 성역할 사회화(sex-role socialization)는 개인이 속한 문화에서 남성 또는 여성에게 기대하는 사회적 역할을 내면화하여 사회구성원으로 통합되는 것이라고 할 수 있다.

우리 사회는 각 사회마다 그 사회 구성원인 남녀에게 기대하는 바람직한 행동양식이 있으며, 사회 문화적인 압력을 인식하는 과정에서 개인은 자신의 성의 특질을 이해하게 되고, 사회가 규정지어 놓은 인성 특성, 태도, 행동에 동일시를 하면서 성적 분화의 양극화(polarization of sexual difference)가 일어나 성역할 정체성을 확립하게 된다(정미선, 2015). Bem(1975)은 성역할 정체성은 심리적인 성을 나타내는 용어라고 하였는데, 성역할 정체성은 한 개인을 특징짓는 성격 특성과 행동 특성의 집합체를 의미하며, 개인이 자기 자신을 얼마나 남성적, 또는 여성적 특성을 소유하고 있는가를 평가하는 개념으로 설명할 수 있으므로 성역할 정체성을 성격특성, 행동특성, 자아개념, 속성 등의 용어로 표현하기도 하였다(정미선, 2015). 일반적으로 성역할 사회화 과정 속에서 남성과 여성 간에 성(性)차에 대한 연구는 <표 1>과 같이 다양한 관점에서 분석되고 이해되어 왔다.

▼〈표 1〉 성(性)차에 대한 관점

구분	내용
생물학적 관점	• 성차는 생물학적인 차이, 즉 선천적인 특징에 의해서 결정 • 정신분석학파(Freud) 인간의 심리적 발달에서 동성부모에 대한 성역할 동일시
인지발달적 관점	• 성역할 발달논의에 생물학적, 사회·환경적 요인 포함
사회학습적 관점	• 성역할사회화에서 환경적 요인의 역할을 강조, 과정분석에 초점
양성평등적 관점	• 양성성의 개념을 제시, 인간 속에 남성성과 여성성 둘 다 갖고 있다.

출처: 김혜영(2015).

모든 인간은 남성과 여성 중 하나의 생물학적 성을 가지고 태어나며, 한 개인에 대한 사회적 기대로서의 성과 이에 대한 자신의 자각과 인식을 통해 성정체성을 지니게 된다(정진선, 2001). 성역할 정체성은 성정체성과는 구별하여 이해되어야 할 필요가 있다. 성역할이란 개인이 속한 사회 또는 문화권에서 성별에 적합한 것으로 받아들여지는 행동양식, 태도, 가치, 성격 특성 등을 포함하는 일련의 행동기준을 의미하며 '성역할 정체성'은 생물학적, 역사적 및 문화적 요인들 간의 상호작용에 의해 형성, 발달하는 개념으로서 사회 문화적인 환경적 맥락을 중요시하는 개념임에 반해 '성정체성'은 생물학적 개념이다(정미선, 2015). 다시 말해, 성역할 정체성이란 '개인이 가지고 있는 성격 및 행동특성의 차원에서 그 사회가 전통적으로 규정한 남성성과 여성성에 대하여 그 특성을 개인이 동일시하거나 개인의 성격 및 행동특성으로 내면화한 정도'를 의미한다(박완성, 2003).

성역할 사회화 과정을 통해 남자 아이들에게는 전통적인 남성의 특성, 즉 독립성, 객관성, 합리성 등을 강조하고, 여자 아이들에게는 전통적인 여성의 특징인 의존성, 수동성, 순종성 등을 강조하기 때문에 전통적인 성역할 사회화 과정에 의해 형성된 성역할 정형화는 개인의 사회생활, 특히 진로선택과 같은 중대한 의사 결정에 중요한 요인으로 작용한다(송은경, 1995). 따라서 이러한 성역할의 사회화 과정을 거치면서 성역할유형이라는 개념이 형성되었다. 개인은 아동기에 주변 환경으로부터 자신의 성을 남자 또는 여자로 판별하게 되고 그가 소속된 사회가 용인하는 남성다움과 여성다움에서 성역할을 학습하게 된다.

수년 동안 심리학자들은 남성성과 여성성이 단일 차원의 양극이라고 가정했으며, 생물학적인 성과 동일한 전통적인 성역할을 학습하는 것을 가장 이상적인 것으로 생각했다(이정임, 2008). 그러나 오늘날의 많은 발달 심리학자들은 성역할 고정관념, 즉 전통적인 성역할은 각 개인의 고유한 성향을 고려하지 않고 남성, 여성이란 틀에 고정시키려 하기 때문에 개인들의 고유한 특성과 잠재력을 발휘하여 자아성장과 자아성취를 이루는 데에 방해 요인으로 작용할 수 있어 현대생활에 바람직하지 않다고 설명하고 있다(이정임, 2008). 인간의 타고난 특성과 잠재능력을 최대한 발휘할 수 있도록 하기 위해서 남성성의 장점과 여성성의 장점을 본인의 성향과 특성에 맞게 자유롭게 습득할 수 있도록 허용하는 것이 필요하며 사회가 변하고 발전함에 따라 상황에 유연하게 적응할 수 있는 성역할의 새로운 모델이 요구되고 이러한 요구에 의하여 양성성(androgyny)이라는 개념이 등장하였다(정미선, 2015). 양성성의 개념은 Jung이 남성의 내부에 있는 여성성을 아니마(anima)라고 하고, 여성의 내부에 있는 남성성을 아니무스(animus)라고 설명하면서 인간은 본질적으로 양성성을 가지고 태어났다는 이론을 주장하면서 정립되었다. 이후에 Bem(1975)이 처음 양성성 모델을 제시하면서 성역할 정체성의 유형을 남성성, 여성성, 양성성, 미분화 유형으로 분류하였다(정미선, 2015). 성역할검사도구(sex role inventory)로 측정할 수 있는 성역할 정체성의 유형별 특징은 다음과 같다(김영희, 1990).

첫째, 남성성 유형은 그 개인이 속한 사회에서 남성다운 특징들로 인정되고 있는 특성, 즉 적극성, 활동성, 성취지향성, 독립성, 공격성, 경쟁성, 주도력, 통솔력, 지배성, 권위지향성, 야망성 등의 요인들로 구성되어 있는 남성성 집단이다.

둘째, 여성성 유형은 그 개인이 속한 사회에서 여성다운 특징들로 인정되고 있는 특성, 즉 양육성, 순종성, 의존성, 민감성, 동정성, 애교심, 질투심, 말이 많음, 쉽게 울음 등의 요인들로 구성되어 있는 여성성 집단이다.

셋째, 양성성 유형은 한 개인 안에서 남성성의 특성과 여성성의 특성이 통합되어 남성다우면서 동시에 여성적일 수 있고, 도구적인 동시에 표현적일 수 있어 남성성 변인과 여성성 변인의 점수가 모두 높은 경우이다.

넷째, 미분화 유형은 성적 특성이 모두 제대로 발달하지 않아 남성성 변인과 여성성 변인의 점수가 모두 낮은 경우이다.

이렇게 분류된 성역할 정체성은 개인의 가치관이나 태도에 직결되며, 특히 자신과 관련된 의사결정에 있어서 자신이 속한 사회, 문화에서 습득한 성역할 정체성에 어긋나지 않는 결정을 하려는 경향을 보인다(정미선, 2015). 이는 성역할 기대가 여학생들의 직업동기, 진로 관련 동기, 학업성취 등 여러 영역에서 영향을 미쳐 남성적 성역할 기대를 내면화한 여학생들은 공과대학과 같이 여성이 소수인 비전통적인 영역의 직업을 더 많이 선호하는 것으로 나타났으며(이윤숙, 2004), 나아가 남성적 성역할 정체성이 높은 공학전공 여학생들이 여성적 성역할 정체성이 높게 나타나는 여학생들보다 공학 전공수업에 더 몰입한다는 연구결과(Persaud, 2003) 등도 나오고 있다.

학령 전 아동의 한국형 성역할검사 연구에서 남성성척도는 행위주체적인 특성들로서 성공적인 업무수행, 사회의 지도자적인 위치에서 활동하기에 적합한 긍정적인 특성들로 구성되어 있고, 여성성척도는 친교적인 특성들로 의존성, 정서적인 면을 나타내고 있다(김영희, 1995). 초등학생의 성역할 정체성 유형과 진로장벽관계에서 성역할 정체성 유형의 분포를 보면 양성성이 가장 많고 그 다음이 미분화 정체성, 남성성, 여성성의 순으로 나왔으며 성역할 정체성 유형별로 진로장벽에 대한 인식의 차이가 있는 것으로 나왔다(김혜진, 2014). 김미숙(2003)은 학교유형에 따른 성역할 정체성과 양성평등의식 비교연구에서 남자중학교 학생들이 남녀공학이나 여자중학교 학생들보다 양성평등의식이 높게 나오고, 남녀공학에 다니는 중학교 남학생의 여성성이 가장 높았으며, 여학생의 경우 여중학교에 다니는 여학생이 공학의 여학생보다 여성성이 높게 나왔다고 했다.

박완성(2003)은 고교생을 대상으로 한 연구에서 성역할 정체성과 진로준비행동에 있어서 양성성 집단이 여성성 집단보다 높으며, 남성성 집단이 여성성 집단보다 진로준비행동이 높고 하위변인별로 진로탐색에서도 양성성 집단이 높은 반면 미분화성 유형의 집단인 경우 가장 낮은 진로준비행동을 지각하는 것으로 나왔다. 대학생을 대상으로 한 연구에서 성역할 정체성은 성별에 따라서 남성성과 여성성에 유의미한 차이를 보였고, 전공에 따른 성역할 정체감에서는 유의미한 차이가 나타났지만 직업에 따른 성역할 정체감에서는 의미 있는 차이가 나타나지 않았다(이병임, 2000). 여대생을 대상으로 한 임용자(1994)의 성역할 관련 진로결정 연구에서 여대생의 성역할 태도가 진로결정에 영향을 미친다고 하였고, 정진선(2001)은 대학생의 성역할 정체성이 진로의사결정의 효능감과 진로결정유형에 어떠한 영향을 미치는가에 대한 연구에서 성별, 학년별에 따라 부분적으로 유의미한 차이가 있고, 남학생이 여학생보다 남성성과 여성성이 높은 점수를 보였고, 학년이 올라갈수록 양성성의 성역할정체성을 나타냈다고 하였다. 그리고 진로를 결정한 학생들이 진로 미결정 학생들보다 남성성, 여성성, 양성성의 점수가 높았으며, 진로의사결정의 효능감의 수준이 높았고, 진로결정에 있어서도 보다 합리적으로 결정한다고 밝혔다.

그러나 성에 의해 다른 사람들을 분류하는 것은 대개 자동적인 과정이다(Deaux, 1995). 사람들은 간편하고 쉽게 타인들을 파악하기 위해 인지적 경제성을 따른다는 관점에서 성별은 인종이나 연령 또는 역할로 분류하는 것에 비해 성 하나에만 의존하여 분류한다(Fiske & Stevens, 1993). 사회인지 이론에 따르면, 성에 근거한 고정관념적 정보처리와 과정은 남성과 여성의 지각에 따라 다르게 일어나는데 흔히 직장 장면에서 남성에 대한 정보적 처리는 개별화 수준에서 일어나지만 여성에 대해서는 하위 유형화(subtyping) 수준에서 일어난다.

여성을 개별화 수준에서 인식하지 않고 하위 유형화하는 문제점은 일단 특정 유형으로 분류가 이루어지고 나면 대부분 더 이상의 정보처리가 일어나지 않는다는 것이다. 이러한 인지과정은 여성에 대한 평가에 영향을 줄 뿐 아니라 행동 방식을 결정하는 데도 유의미한 영향을 미친다(김현정, 1997). Fiske와 Glick(1995)은 여성에 대해 가지는 남성들의 고정관념적 가정들이 성적 괴롭힘을 유발하거나 억제하기도 하며, 고정관념에 따라 각기 다른 유형의 괴롭힘이 나올 수 있다고 밝혔다.

지금까지 선행 연구에서 밝혀진 여성에 대한 고정관념적인 특성은 <표 2>와 같이 대체로 전통적인 여성, 비전통적인 여성, 그리고 야한 여성의 뚜렷한 세 개 하위 유형으로 분류될 수 있다. '야한(sexy) 여성'은 지나치게 외모에 관심이 많으며 종종 남성을 유혹하는 존재로 특징지어진다. '비전통적인(nontraditional) 여성'은 요구를 많이 하고, 독립적이며 똑똑하다고 간주된다. '전통적인(traditional) 여성'은 동조적이고 의

존적이고 수동적이며, 무비판적이고 어리석은 특징을 가진 것으로 특징지어진다(Six & Eckes, 1991).

▼〈표 2〉 여성에 대한 고정관념적 특성

구분	전통적인 유형	비전통적인 유형	야한 유형
성격 특성	• 순응적인 • 수동적인 • 무비판적인 • 복종적인 • 자신감이 없는 • 양육적인 • 비이기적인 • 전통적인	• 지나친 요구를 하는 • 야심이 있는 • 독립적인 • 전통적인 여성상이 아닌	
역할 행동	• 요리를 좋아하는 • 아이들을 좋아하는 • 청소를 좋아하는	• 열심히 일하는 • 페미니스트 같은 • 가족을 부양하는	
능력	• 우둔한 • 무능력한	• 지적인 • 유능한	
신체 특징	• 신체적으로 연약한	• 전문가다운 외모 • 꾸미지 않는 옷차림의 • 근육이 잘 발달된 운동선수 같은 • 신체적으로 강한	• 옷을 잘 차려 입는 • 매력적인 몸매가 좋은 • 부드러운 말씨의 • 긴 머리의
성적 관계	• 수동적인 • 복종적인 (성격특성과 중복)	• 성적으로 도발적인 • 남자를 싫어하는 • 레즈비언같은	• 유혹하는

여성에 대한 고정관념적 특성이 성적 괴롭힘과 관계가 있음을 밝힌 연구에 따르면, 우선 야한 유형과 괴롭힘 간의 관계는 직접적이고 명확하여 야한 유형으로 분류되면 남성들의 성적 동기가 증가한다

(Deaux, 1995). 또한 비전통적인 여성은 남성적인 성격 특성을 가진 것으로 지각되며 남성의 역할을 맡으려는 소망을 가진 것으로 인식되기도 한다(Deaux & Lewis, 1984). 비전통적인 유형의 하위에 속하는 여성은 가부장적인 지배성과 경쟁적인 성분화의 두 가지 동기를 유발할 수 있다. 이들에 대한 성적 괴롭힘은 남성 지배성과 전통적인 성역할을 역설하는 방식으로 나타날 수 있는데, 야하면서 동시에 비전통적인 것으로 분류되는 여성들은 친밀감 추구와 적대적 동기를 모두 자극한다는 점에서 성적 괴롭힘에 처할 위험이 더 크다. 이와는 대조적으로 전통적인 성역할을 수행하는 여성들, 특히 그들이 야한 유형에 잘 맞지 않는다면, 성적 괴롭힘으로부터 다소 벗어날 수 있을 것이다(Fiske & Glick, 1995).

Kanter(1977)에 따르면, 일부 독신 여성들은 '엄마'나 '귀염둥이'로서 유형화된다. '엄마', '막내동생' 또는 '딸'과 같은 가족 역할이 직장으로 전이될 때, 이러한 성역할 전이(sex role spillover)는 남성 동료들로 하여금 그런 여성을 성적 괴롭힘으로부터 보호하도록 이끈다(김현정, 1997). 그러나 이 여성은 성적 대상으로서 제외되는 혜택을 누리지만 직장 내에서 비전문적이면서 부수적인 직업 역할을 영원히 맡게 되는 대가를 치르게 된다(Fiske & Glick, 1995).

이처럼 성(性)차는 성역할 사회화과정에서 만들어지고 성에 근거한 고정관념적 정보처리과정이 남성과 여성을 빠르게 구분한다. 남성은 개별적 수준에서 구분하는 반면, 여성은 전통적인 여성과 비전통적인 여성 그리고 야한 여성으로 유형화시켜 고정관념적 특성을 만들어내고 이러한 성 고정관념 특성은 직장에서 여성의 역할을 제한한다.

03 여성인적자원개발

인적자원개발은 공적 영역에서 노동시장의 참여자로 활동하는 남성을 중심으로 이해되어 왔고 전적으로 남성근로자의 조직 내 수행능력향상을 위한 것(오재림, 2007)으로 인식된 것이다. 인적자원개발(HRD)은 사실상 사회에서 통용되어온 성별분업이나 성역할 고정관념, 즉 남성은 생계부양자이고 여성은 가사책임자라는 인식을 내포한 개념이라고 할 수 있다.

여성인적자원개발은 "젠더[2]관계를 기반으로 한 인적자원개발을 의미"하는데(오재림, 2007: 10), 여성의 특성을 감안하여 남성의 인적자원개발과는 차별성을 두는 '여성을 위한 인적자원개발(HRD for woman)'과 인적자원개발정책에서 여성이 배제되지 않으면서 또 정책의 효과가 성별에 관계없이 평등하게 나타날 수 있도록 하는 '성인지적 관점에서의 여성인적자원개발(gender based HRD)' 등의 의미를 포함한다(김태홍, 2005). 성인지적 관점에서의 여성인적자원개발(gender based HRD)은 지금까지의 인적자원개발이 젠더를 고려하지 않은 채 구성되어 겉으로는 성중립적(gender－neutrality)으로 보여져 왔으나 사실상 성맹적(gender－blindness)인 측면이 있었다는 점을 비판하고, 이러한 젠더질서를 고려하지 않은 인적자원개발은 여성의 경험과 욕구를 비가시화하여 그것을

2 젠더(Gender): 1955년 성 과학자 머니(John Money)가 생물학적 성(Sex)과 젠더 간의 술어적 구분을 처음 제시. 1993년 미국식품의약국(Food and Drug Administration)에서 젠더를 섹스를 대체하는 용어로 채택하였고, 1955년 9월 5일 북경 제4차 여성대회 정부기구회의에서 여성과 남성 구분에 섹스 대신 젠더를 사용하기로 결정.

적절히 반영하지 못함으로써 결과적으로 여성인적자원개발에 장애요인이 될 수 있다는 점을 인식하는 것에서부터 출발한다.

따라서 인적자원개발은 "여성과 남성의 차이를 고려하여 여성특유의 경험을 반영할 수 있어야 하며 인적자원개발이, 특정의 성에 유리(불리)하게 작용하거나 인적자원개발의 특정 개념에 성역할 고정관념이 개입되지는 않았는가에 대해 검토하는 성인지적 관점(gender perspective)의 통합이 반드시 필요"하다(김영란, 2007: 19) 이는 여성인적자원개발이 성별화된 사회(Gendered society)의 성역할이분, 그리고 성별에 따라 분절적인 이중노동구조 등의 젠더권력구조를 고려하여 구성되어야 하며, 여성인적자원개발이 성인지적 관점의 도입을 통해 성주류화(gender mainstreaming)[3]를 위한 노력과 발맞추어 나갈수 있어야 함을 의미한다(김미경, 2005; 김태홍, 2005; 김경희, 2006; 김영란, 2007; 오재림, 2007).

먼저, 그동안 여성인적자원개발 측면에서 잘못된 오해 또는 신화(myths)를 몇가지 소개하고자 한다.

[토큰이즘(tokenism)]: 여성을 관리자로 승진시킬 때 여성이라는 이유만으로 '상징적' 의미를 부여하는 방향으로 여성을 상위 경력으로 진출시키는 것을 의미한다(Swiss, 1996).

[파이프라인 이론(pipeline theory)]: 직장 내 여성들의 숫자가 일정한 수준이 되면 성차별 관행이 자연스럽게 개선된다는 가정이다. 즉, 조직의 핵심라인(파이프라인으로 표현) 안에 여성들이 수적으로 열세이

3 성주류화(gender mainstreaming): 여성이 사회 모든 주류 영역에 참여해 목소리를 내고 의사결정권을 갖는 형태로 사회 시스템 운영 전반이 전환되는 것. 정치·경제·사회적 정책을 통합적 차원에서 기획·실행·감시 및 평가함으로써 여성과 남성이 동등한 혜택을 누리고 불평등이 발생하지 않도록 하는 전략으로, 궁극적 목적은 양성평등(gender equality)을 이루는 데 있다. 성주류화의 과정은 여성이 사회의 모든 분야에 동등하게 참여하고 의사결정권을 갖는 것을 의미하는 여성주류화(mainstreaming of women), 젠더 관점의 주류화(mainstreaming of gender), 주류의 전환(transforming the mainstreaming)을 포함한다.

기 때문에 여성들이 여러 가지 차별적 불이익을 받으나 파이프라인 안에 여성들의 진출이 증가하면 이러한 차별은 사라진다는 생각이다.

[유리천장(Glass Ceiling)]: 유리천장(glass ceiling)이라는 표현은 1986년 Wall Street Journal에서 처음 사용한 개념으로서 이는 여성들이 기업에서 보다 높은 지위로 진급하는 것을 막는 투명한 장벽(transparent barrier)임을 묘사하기 위하여 만들어졌다.

[이중 유리천장(double-glazed glass ceiling)]: 온갖 어려움을 극복하고 고위 관리자로 승진에 성공한, 유리천장을 통과하는 데 성공한 여성들은 자기 바로 위에는 거의 예외 없이 남자가 상급자로 버티고 있어서 '산 넘어 산'이라는 의미이다(Simon, 1995). 특히, '유리'라는 표현을 사용하는 것은 여성들이 직접적이고 명시적인 차별을 경험하지는 않으나, 실제로 보다 높은 경력단계로 이동할 때 실제적으로 부딪치는, '눈에 보이지 않는' 차별이기 때문이다.

[직장과 가정 간의 신화(work-family myth)]: 여성근로자들에 대해 가정생활과의 조화관계를 정립할 수 있도록 지원하면 직장에서 여성들의 처우가 개선된다는 가정이다. 실제로 직장과 가정 간의 조화정책이 여성근로자들이 보다 많은 승진기회를 제공한 것은 아니었다는 것이 미국 기업의 실례에서 입증되고 있다. 꾸준히 '가정 친화적(family friendly)' 정책을 수립하고 실행에 옮긴 기업체들은 유리천장을 분쇄하는 데는 아무런 조치도 취하지 않은 것으로 드러났다. 뒤퐁(Dupont)같은 회사가 대표적 사례이다. 뒤퐁의 관리자 중에 여성이 차지하는 비중은 실제로 4.5%에 불과하다. 그러면 여성에 유리한 복지정책을 활발하게 채택하고 시행하는 기업에서 여성의 승진에는 이렇게 인색한 이유는 무엇일까? 그 이유는 남성들은 여성 상급자 밑에서 일하는 것을 원치 않는 풍조가 있다고 볼 수 있다. 더욱이 대부분 남성으로 구성된 고위 관리자층은 자신들의 동성 후배가 자신들의 클럽에 가입하기를 원

하고 있다는 것이 유리천장이 두터워지는 원인이다. 특히, 남성들은 직장 후의 활동(after-hours)이나 고객의 접대에 여성이 낄 수 있는 여지가 거의 없다는 이유로 여성이 고위 관리직으로 진출하는 것을 꺼리고 있다. 이러한 기피현상은 공개적이거나 공식적이 아니고, 미묘하고 은밀하게 만연되어 있다.

[여성의 경력지체(career slippage)]: 발생원인(Large & Saunders, 1995)은 첫째, 남녀의 성과는 동일하게 평가하지만, 여성의 경우 승진에 대한 잠재력은 낮게 평가하는 경향. 둘째, 불명확하고 모호한 승진기준은 승진 의사결정시 편견(여성보다는 남성을 선호). 셋째, 경영자의 역할은 남자의 역할이라는 인식. 넷째, 기타 문화적, 무의식적인 요인.

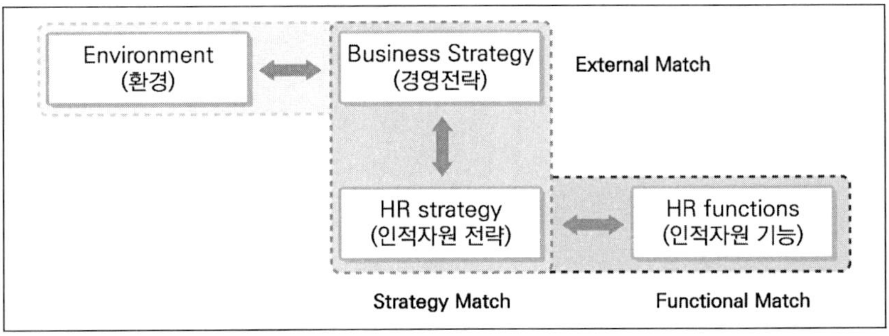

〈그림 1〉 기업경영과 인적자원관리

인적자원관리는 경영전략과 맞물려 핵심인재를 관리하고 그들의 성과에 혼신을 다하고 있다.

"성공한 기업의 비결은 첫째도 사람, 둘째도 사람, 셋째도 사람이다. 그러나 중요한 것은 그들의 육체가 아니라 그들의 두뇌이다"(하버드대 경영대학원 로자베스 모스 캔터)

HR 역량은 기업 경쟁력과 직결되며, 선진적인 HR시스템을 갖춰야 탁월한 기업으로 거듭날 수 있다. HR이 강한 회사가 성과가 좋기 때문이다. 고성과 조직이 되기 위해 HR은 첫째, 전략 수립 및 실행에 적극적으로 참여해야 하며, 둘째, 리더 및 핵심인재를 선제적으로 확보하고 육성해야 한다. 셋째, 유능한 인재를 적재적소에 배치한다. 넷째, 조직성과는 협업, 소통, 동기부여, 권한위임 등 다양한 요소의 영향을 받으므로 조직 성과의 원인을 분석하고 해결방안을 제시한다(Harvard Business Review, 2015.7).

예로 해외 우수기업들은 앞 다투어 스타트업 회사를 인수하고 있고 인수회사의 사업은 90% 이상 폐기하고 핵심인재만을 확보하는 데에 인수목적을 두고 있다. 글로벌 기업은 조직 내 '사람'과 관련된 요인들을 면밀히 살피고 보다 체계적이고 과학적인 관리를 해 나가고 있다.

그러나 현재, 한국 기업들은 대학진학률로 남성을 앞지른 여성, 입사 시점에 당당했던 그녀들을 체계적이고 과학적으로 관리하지 못하고 있다. 단지 정부 주도의 성인지 통계 눈치를 보며 생색내기 채용과 승진 그리고 저출산 해결이라는 명목으로 일가정 양립 제도 마련에 열을 쏟고 있다.

04 여성경력이음

경력과 관련된 초기 연구에서는 경력의 의미를 직업, 조직, 개인직무의 테두리 안의 것으로만 적용하는 협의의 개념이었다. 그러나 Hall(1976)은 한 개인이 일생을 두고 일과 관련하여 얻게 되는 경험 및 활동으로 지각된 일련의 태도와 행위라고 경력을 정의하였고, 이후 전문직 종사자뿐만 아니라 학생이나 자원봉사자들과 같이 임금을 받지 않는 사람들도 경력을 갖는 것으로 광의의 해석을 하고 있다(최해수, 2005). 또한 Arthur, Hall과 Lawrence(1989)도 경력을 한 개인이 일생에 걸쳐 일(work)과 관련하여 얻게 되는 경험으로, 광의의 개념으로서 경력을 개인 경험의 연속으로 보았다.

여성 경력과 관련한 연구는 크게 두 갈래로 진행되고 있다. 첫째, 생애발달단계를 진로에 접목한 진로선택 과정중심의 논의이다. 우리나라의 여성 진로발달 연구는 생애단계에서 청소년, 여자 대학생, 경력단절 여성을 대상으로 진행되고 있으며, 이중 여대생을 대상으로 한 연구가 가장 많고, 성인 여성은 일-가족 관련 척도를 사용한 연구가 많다(최윤정, 안후남, 이지은, 최정순, 박선주, 2013). 둘째는 개인의 내·외적 환경과의 상호작용에 초점을 둔 내용중심의 연구인데, 여성 진로발달을 방해하고 직장 적응을 어렵게 하는 부정적 영향으로 성역할 고정관념에 의한 낮은 직업전망, 다중역할갈등, 노동시장 관습의 제약, 차별 등의 진로장벽을 나타내었다(김동숙, 이영민, 2011; 김은희, 2010; 박숙경, 2013; 손은령, 2001; 유희정, 2015; 이희정, 김금미, 2010; 정신환, 2015). Levinson(1996)은 생애발달 측면의 내용중심 연구에서 다양한 전업여성과 경력여성 45명을 인터뷰하여, 그들의 가정, 교육, 직업 배경에서 '성의 분리(gender splitting)'가 여러 가지 형태로 남자와 여자를 엄격하게 구별하고 있고, '전통적인 가정 주부형상'과 '비전통적인 형상'이 끊임없이 서로 대립되고 있다고 하였다.

▼〈표 3〉 직장생활이 가정생활에 영향을 주는 정도

구분	매우 그렇다	대체로 그렇다	별로 그렇지 않다	전혀 그렇지 않다	계
일을 하는 것은 내게 삶의 보람과 활력을 준다.	1,021 (23.9)	2,870 (67.3)	351 (8.2)	23 (0.5)	4,265 (100.0)
일을 함으로써 식구들한테 더 인정받을 수 있다고 생각한다.	738 (17.3)	2,892 (67.8)	586 (13.7)	49 (1.1)	4,265 (100.0)
일을 함으로써 가정생활도 더욱 만족스러워 진다.	799 (18.7)	2,884 (67.6)	538 (12.6)	44 (1.0)	4,265 (100.0)
일을 하는 것은 자녀들에게 긍정적인 영향을 준다.	516 (13.6)	2,116 (55.6)	981 (25.8)	192 (5.0)	3,805 (100.0)
일하는 시간이 너무 길어서 가정생활에 지장을 준다.	278 (6.5)	1,195 (28.0)	1,972 (46.2)	820 (19.2)	4,265 (100.0)
일하는 시간이 불규칙해서 가정생활에 지장을 준다.	231 (5.4)	857 (20.1)	2,167 (50.8)	1,010 (23.7)	4,265 (100.0)

주: 문항별로 비해당인 사람은 제외하였음.
출처: 한국여성정책연구원(2016). 여성가족패널조사 원자료 분석(가중치 미부여).

여성의 경력 관련 연구는 여성의 경력단절 원인을 찾아 그 원인을 제거하기 위한 지원 방안을 모색하거나, 경력단절 여성이 노동시장 재진입 과정에서 경험하게 되는 어려움을 완화시켜 줄 수 있는 방안 제시에 중점을 두고 있다(이동희, 2015). 이를 통해 취업 장벽을 이해하고, 지원 방향은 구체화되었으나 정작 경력관리가 개인의 주도적 행위로 책임이 강조되고 있는 상황에서 조직 안에 흡수되는 것만을 다루는 내용에서 벗어나 조직 밖의 경력개발을 포함하는 생애사건으로 여성의 경력개발 동기 및 가치와 연결되는 특성을 탐색하는 연구(노경란, 허선주, 임현선, 2014; 이동희, 2015)에 관심을 가질 필요가 있다.

2017년 여성가족패널조사를 살펴보면 일자리가 있는 4,265명을 대상으로 하는 일이 가정생활에 어느 정도 영향을 주고 있는지를 6개 항목에 대해 조사하였는데, '일을 하는 것은 내게 삶의 보람과 활력을 준다.'라는 항목에 '그렇다'라고 응답한 비율은 91.2%로 가장 높고, '일을 함으로써 가정생활도 더욱 만족스러워 진다'라는 항목은 86.3%로 나타나고 있다.

경력의 주체는 사람이며 경력이론들은 개인, 조직, 사회 차원에서 관점을 달리하며 논의를 이어오고 있다. 불안정한 조직상황에서 경력개발활동은 경력관리에 포함되었고 이로써 개인은 주도적으로 경력관리를 해 나가야 하며, 경력관리과정을 지속적인 과정으로 인식할 필요가 있다. 그렇기 때문에 개인의 효율적인 경력관리를 위한 경력관리 모형이 제시되고 있다. Greenhaus, Callanan과 Godshalk(2002)는 개인이 자신의 경력을 어떻게 관리해야 하는지에 대해 현실을 도식화한 모형을 <그림 2>와 같이 제시하였다.

경력관리 모델에 따르면, 첫 번째 단계는 경력탐색(A) 과정으로 정보를 얻는 일을 시작하는 것이다. 적절한 탐색이 이루어지면 개인은 자신과 환경에 대한 인식(B)을 충분히 하고, 합리적으로 경력 목표를 설정(C)한다. 이후 목표를 달성하기 위한 활동계획으로 전략개발(D)과 전략실행(E)을 촉진시킬 수 있다. 이러한 실행으로 목표 달성 과정(F)이 만들어지고, 그러한 과정이 진행되는 가운데 개인에게 유용한 피드백(G)이 발생한다. 피드백은 자신의 경력을 평가(H)하도록 하며, 경력평가로부터 얻은 추가적인 정보는 다시 경력탐색(A)을 위한 또 다른 수단

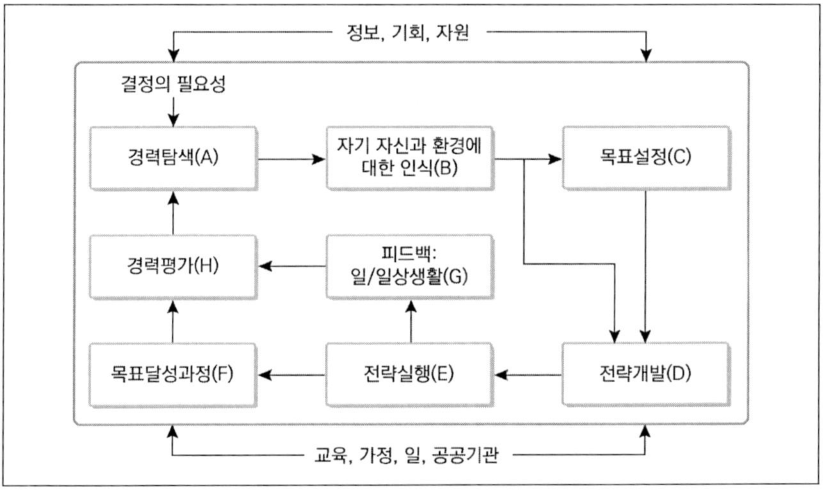

〈그림 2〉 경력관리 모델

으로 작용하여 하나의 경력관리 사이클을 구성하게 된다.

개인이 경력계획을 수립하고 강력한 경력희망이 있으면 경력관리에 성공을 거둘 가능성이 높아진다는 것은 여러 연구에서 주장되고 있다.

경력단절 여성이 자신의 경력개발과 재취업에 성공하기 위해서는 고용안정성의 붕괴와 고용유연성의 증대라는 환경의 변화에 주목할 필요가 있다. 사람들은 잦은 실직과 전직을 경험하면서 하나의 직장에 집착하지 않고 평생 직업을 유지하기 위해 스스로 경력을 설계하고 개발하려는 경향을 가지게 되었다. 또한 최근에는 무경계 경력(boundaryless career), 프로틴 경력(proteen career) 등의 개인중심의 자기주도적인 경력개발을 강조하고 있다(심미영, 2012; 오창환, 2012). 이를 통해 노동시장에서 자신의 고용가능성을 높이는 것이 중요한 과제가 되었다.

이처럼 경력단절 여성의 노동복귀 측면에서 직장에 집착하지 않고 평생 직업을 위한 개인 주도의 경력개발에 참여하도록 안내하고 이에 대한 책임감을 강조할 필요가 있다. 이는 개인의 경력계획실천행동이 직무몰입에 긍정적 영향을 미치고 경력성공, 경력만족과 고용가능성에 정적 영향을 미치는 것(조영아, 2015)에서 수행할 필요가 있다.

경력을 좁은 의미에서 직장(회사)으로 해석할 때, 언급되는 '경력단절여성'이라는 표현은 이제 사라져야 한다. 현재 경력(Career)은 인생 전체로 바로 보는 경향이 있고, 현재 경력단절여성이라고 말하는 대다수가 생애주기 상에 부양에 의한 사회활동 축소로 볼 때 현재 일컬어지고 있는 경력단절지원 제도를 경력이음으로 사용하는 것이 바람직해 보인다.

05

결론: 공공여성교육기관의 역할

현대 사회에서 경력은 단연코 개인의 책임에 놓여 있고, 기업에 소속된 핵심인력은 소속사에 의한 경력개발 기회와 몰입을 위한 동기부여를 받고 있다.

비경제활동 여성의 경우, 여성인적자원개발 정책에 의하여 교육과 일거리(단시간, 인턴, 창업지원)를 무료로 개인 서비스를 받을 수 있고 또는 상당의 개인비용을 지불하여 자신의 역량을 높일 기회를 사기도 한다. 정책적 수단 중 하나로 비경제활동 상태의 경력단절 여성을 위한 교육훈련제도가 지원되고 있지만, 비경제활동여성의 교육훈련제도 이용률(2.9%)은 취업자(6.3%)와 실업자(7.0%)보다 낮은 수준으로, 재취업을 위한 가교역할을 하지 못하고 있다. 비경제활동 여성에 대한 특성분석과 니즈에 부합되는 제도 설계가 필요하다(2017년 여성가족패널조사. 한국여성정책연구원).

그동안 성인 여성교육과 취업지원을 담당하던 공공여성교육기관은 수요조사를 통한 교육과정당 20여 명 이상이 진행할 수 있는 과목개설과 고용노동부의 취업률 최우선의 직업상담을 상품으로 하여 여성고객을 맞이하고 있었다. 완제품을 두고 그에 맞게 여성들을 끼워 맞추었던 형식이라면 이제는 바뀌어야 한다. 전면에 경력관리 측면에서 생애진로상담을 통한 개인의 경력계획을 진단하고 목표 수립을 돕는 것이 필요하고 자신에게 필요로 되는 교육은 레고를 맞추듯 작은 단위로 탐색되고 선택하는 일련의 개인의 전략적 선택기회를 주도록 준비해야 한다.

여성이 경력을 이어갈 수 있도록 제도적 설계가 현장에서 일어나야 한다. 그렇지 않으면 경제활동으로써의 가교역할뿐인 여성공공기관의 기능은 경력과는 거리가 있는 일반 복지와 상담에 머물게 될 것이다. 여성교육기관은 경력에 대한 패러다임의 변화를 인식하고 여성 학습권을 넓힐 수 있도록 교육과정을 개편하고 평생학습계좌제 도입 등의 정책적 판단과 학습네트워크 확대로 나아가야 하겠다.

참고문헌

강대석 (2007). 인적자원개발: 원리와 적용. 한경사.

김경아 (2018). 여성의 경력단절 원인 및 재취업 방안 연구. 한국시민윤리학회보, 29(1, 2호 합본),

김경옥 (2004). 유아의 성역할 사회화에 관한 문화기술적 연구: K 어린이집을 중심으로. 박사학위논문, 창원대학교 대학원.

김영희 (1995). 학령전 아동의 한국형성역할검사 개발연구. *아세아여성연구, 34*, 183－213.

김인선, 임가을, 구은경, 김희연, 이미경 (2006). 고학력 경력단절여성의 인적자원 활용방안 연구. 경기개발연구원.

김혜영 (2003). 한국의 가족주의와 여성 인권. *아시아여성연구, 42*(1), 9－46.

김혜진 (2014). 초등학생의 성역할 정체감 유형과 진로장벽 관계. 석사학위논문, 경인교육대학교 교육전문대학원.

박완성 (2003a). 고등학생의 진로준비행동과 성역할 정체감과의 관계. *교육방법연구, 15*(1), 47－70.

송은경 (1995). 고등학생의 성역할 정체감과 진로의사결정 유형간의 관련연구. 석사학위논문, 숙명여자대학교 교육대학원.

안현옥 (2016). 경력단절 여성의 생활사건 스트레스경험, 자아존중감, 가족지지, 경력계획 간의 구조적 관계. 아주대학교 대학원, 박사학위논문.

이병임 (2000). 대학생의 전공 및 직업선택에 따른 직업적 자기효능감, 성역할 정체감, 사고 유형의 분석. 박사학위논문, 성균관대학교 대학원.

이정임 (2008). 성역할 정체감 유형과 직업포부와의 관계 연구. 석사학위논문, 아주대학교 교육대학원.

이찬 (2017). Knowing 보다 Sharing과 Doing, 교실 밖 경험과 실천이 인재 만든다. *동아비즈니스 리뷰 237*, 44－51.

정미선 (2015). 성별과 Holland 유형의 관계: 공감하기-체계화하기 유형과 성역할정체성의 역할. 박사학위논문, 창원대학교 대학원.

정진선 (2001). 대학생의 성역할 정체감이 진로의사결정효능감 및 진로결정 유형에 미치는 영향. *한국진로교육학회지, 15*(1), 135-155.

주재선, 김영란, 송치선, 한진영, 손창균, 차지영, 이진숙, 임연규 (2017). 여성가족 패널 조사. 서울: 한국여성정책연구원.

한국여성연구회 (1997), 여성학강의_한국여성현실의 이해, 동녘.

허혜경, 박인숙 (2010). 사회변동과 성역할. 서울: 문음사.

Bem, S. L. (1974). The measurement of psychological androgyny. *Journal of Consulting and Clinical Psychology, 42*(2), 155-162.

Block, J. H. (1973). Conceptions of sex role: Some cross-cultural and longitudinal perspectives. *American Psychologist, 28*(6), 512-526.

Deaux, K. (1995). How basic can you be? The evolution of research on gender stereotypes. *Journal of Social Issues, 51*(1), 11-20.

Fiske, S. T., & Glick, P. (1995). Ambivalence and stereotypes cause sexual harassment: A theory with implications for organizational change. *Journal of Social Issues, 51*(1), 97-115.

Schwab, K. (2016). The Fourth industrial revolution. 송경진 역 (2016). 클라우스슈밥의 제4차산업혁명. 서울: 새로운현재.

Six, B., & Eckes, T. (1991). A closer look at the complex structure of gender stereotypes. *Sex Roles, 24*(1), 57-71.

Ward, W. D. (1969). Process of sex-role development. *Developmental Psychology, 1*(2), 163-168.

• 인터넷 뉴스

루스 베이더 긴즈버그(2018). http://news.kbs.co.kr/news/view.do? ncd=4072291

세계여성이사협회 한국지부 창립2주년 포럼, 2018.11.14., 조선일보 http://news.chosun.com/site/data/html_dir/2018/11/14/2018111402030.html?utm_source=naver&utm_medium=original&utm_campaign=news)

CHAPTER

04

미래사회의 프로티언 경력과 경력탄력성

CHAPTER

04

미래사회의 프로티언 경력과 경력탄력성

송정희*

SUMMARY

평생학습 시대에 따라 Career의 개념은 어떻게 변화하고 있는가? 사라지는 직업들 속에서 경력개발의 방향성은 어떻게 설정해야 하는가?

본 장에서는 '목적지(Destination)'를 향하는 '교육'의 시대에서 '지속적'인 '학습'의 시대에 필요한 경력개발의 태도를 개발하기 위해 세 가지 관점으로 경력의 개념을 설명하였다. 변화에 '살아남기', 변화에 '적응하기', '현실과 직면하기'로 나누어 프로티언 경력과 경력 탄력성의 개념을 이론적으로 탐색하고 현실의 이슈들을 논의하고자 한다. '이론과 현실의 진정한 만남'을 통해 실제 조직에서 구성원을 코칭할 때나 코칭 현장에서 커리어 코치들이 직면하는 상황에 도움이 될 수 있으며, 또한 '어려운 상황에서도

* 숭실대학교 커리어·학습코칭 대학원 겸임교수, 공감소통협동조합 공동대표(ecr-learner@nate.com).

성공적으로 경력개발을 준비하는' 사람들에게도 직접 이해하고 실행할 수 있는 또 하나의 이정표가 되기를 기대한다.

KEY WORD

프로티언 커리어, 경력 탄력성, 주관적 경력성공

01 들어가며: 4차 산업혁명 시대의 새로운 직업과 경력

> "2020년까지 사무·행정 직업군에서 화이트컬러 일자리 약 475만 개가 사라질 것" 「The Future of Jobs(직업의 미래)」, 세계경제포럼(World Economic Forum), 2016
>
> "20년 안에 유럽 일자리의 3분의 1이 신기술에 의해 대체되고, 중간 숙련노동자들의 일자리가 사라질 것" 「A Future That Works Report(미래일자리 보고서)」

위에 언급한 일자리에 관한 예측은 4차 산업혁명을 키워드로 하는 책들과 기사들에서 흔히 볼 수 있는 예측들이다. 이런 예측들과 함께 따라 나오는 것이 어떤 산업이 가장 유망하다는 내용들이며 그에 대한 학자별 주장들이 난무한 실정이다. 이를 접하는 독자들에게 구체적인 두려움을 안겨주지만 제시하는 대응책은 막연한 것들이다.

전문직이나 사무·행정 직업군을 막론하고 사라진다고 하는데 현재 시점에서 과연 어떤 준비가 필요할까? 미래 사회에 필요한 일자리들에 대해 예측하는 분야, 직업, 기술 등에 약간의 차이가 있지만 공통점은 "새롭게 부상하는 기술을 민첩하게 배워서 미래 사회 경력을 준비하는 것"이다. 이에 본문에서는 대전환기라고 하는 지금 시점에서 경력개발에 필요한 개념들을 소개하고 이를 통해 새로운 시대를 준비하는데 도움을 주고자 한다.

02 변화에 살아남기: 프로티언 경력(Protean career)

최근 경력관련 문헌들에서 "새롭고", "현대적"인 경력 개념들이 나타났고, 그 개념들은 개인의 경력에 있어서 점차 "이동성"있고 "자기주도적"인 변화를 설명하고 있다(Gubler, Arnold & Coomb, 2014). 변화를 잘 설명하는 경력의 개념 중 하나가 바로 '프로티언 커리어'이다. 프로티언 커리어는 그리스 신화 중 변화에 능한 프로테우스에서 이름의 기원을 찾는다. 프로티언 경력이란 환경 변화에 따라 언제든지 자유롭게 변화할 수 있는 능력을 갖춘 경력을 의미한다.

1976년 Hall에 의해 설명된 프로티언 경력은 상황에 따라 자신의 업무, 조직, 직종 등을 변화시키므로 프로티언 경력태도를 갖고 있는 사람들은 자기 주도적이고, 가치 지향적으로 경력개발의 방향을 두고 있기 때문에 혁명이라 불리는 지금의 시대에도 흔들림없이 자신의 방향을 찾아 전진해나간다. Hall 이후에 다양한 학자들이 프로티언 경력에 대해 정의내리고 연구를 지속하며 개념을 안정화 시키고 있다. 학자들이 정리한 특징적인 개념은 다음과 같다.

Briscoe와 Hall(2006)은 프로티언 경력을 개인경력개발에서 자기주도적이고 개인의 가치에 근거한 경력선택을 만들어 가는 프로티언 재능을 반영한 경력의 마인드 셋이나 태도라고 설명하였다. 프로티언 경력의 마인드 셋을 가진 사람들은 개인경력개발에서 자기주도적이며, 조직보다 개인의 가치에 기반한 경력선택을 만들어가는 프로티언 재능들을 반영한다.

De Vos와 Soens(2008)는 프로티언 경력에 대한 특징을 두 가지로 정리하였다. 첫 번째는 개인 경력 성공의 측정과 지침을 개인적·내적 가치에 의해 제공하는 '가치 지향적'인 태도이다. 가치들은 개인이 돈, 승진 혹은 다른 직업 권유와 같은 외적 요인들에 의해 행동하기보다 따르는 '내적 나침반'으로 작용한다. 두 번째는 개인의 경력 관리에 있어 '자기 주도적'인 특징이다. 개인의 수행과 학습 필요에 있어서 자기 주도적이므로, 프로티언 경력을 따르는 사람들은 지속적으로 학습을 하게 되고 직업적 도전을 찾게 된다. 이와 같이 프로티언 경력은 조직이 아닌 개인이 책임을 지는 경력 지향을 말하며 개인의 핵심 가치로 경력 결정이 이루어진다. 이러한 프로티언 경력을 표로 정리하면 다음과 같다.

▼〈표 1〉 프로티언 경력의 개념

개념	차원	구성요소	핵심 측면
프로티언 경력	가치 지향	1. 자신의 필요, 동기, 능력, 가치, 관심이 명확함	정체성
		2. 자신의 경력 안내와 성공에 있어 개인적 가치에 의함	가치지향적
	자기 주도	3. 학습과 변화하는 환경에 적응하는 능력이 있고 적극적임	적응성
		4. 독립적이며 자신의 경력에 대해 책임을 지려고 함	자기주도적

출처: Gubler, Arnold, & Coombs (2014). Reassessing the protean career concept: Empirical findings, conceptual components, and measurement. *Journal of Organizational Behavior, 35*(1), p. 33.

프로티언 경력은 주 52시간 근무제와 함께 더욱 강조되고 있는 일과 삶의 균형에 긍정적인 영향을 미치고 있다. Direnzo와 동료들은 프로티언 커리어와 일과 삶의 균형에 대한 연구(2015)에서 경력계획 강화, 사회 심리적 능력의 축적, 고용가능성에 대한 인식 강화를 통해 프로티언 경력이 일과 삶의 균형에 긍정적인 영향을 미친다는 것을 발견했다. 더 나아가 프로티언 경력은 일생의 관점에서 고용가능성과 일과 삶의 균형의 긍정적 관계성을 강조하였다. 프로티언 경력은 확장된 경력계획 활동들과 연관되어 있다. 확장된 경력계획 활동들이란 인간자본, 사회적 자본, 심리적 자본의 세가지 경력자본들의 축적과 연관되어 있다.

다른 한편으로 프로티언 경력은 소명과 연관되어 있다. Hall과 Chandler(2005)는 그들의 심리적 성공 연구에서 소명과 프로티언 경력 태도의 관련성을 설명하였다. 따라서 성공의 기준도 객관적이 아닌 주관적인 것(심리적 성공)이다. 그 예로 2017년 실행한 연구에서 "지역사회 정신건강"이라는 가치를 추구하는 정신건강의학과 전문의들은 "환자중심의 전문의로 거듭나기" 위해 전문성과 안정성이 보장된 의사직군에만 머무르지 않고 새로운 영역에 도전하고, 지속적으로 학습하여 확장해나가고 있음을 확인할 수 있었다. 뿐만 아니라 강의에서 만났던 스타트업의 CEO 및 임원들에게도 프로티언 경력의 특징을 찾아 볼 수 있었는데 그들의 대부분은 현재 자신에게 제공된 안정적인 직장이나 직업에 머무르지 않고, 자신이 관심있거나 배우고 싶은 분야에 과감하게 도전하는 모습을 접할 수 있었다. 그들은 새로운 세상이 펼쳐진다는 혁명의 시대에 보다 근본적인 가치에 집중하고 자신들이 중요하게 생각하는 가치를 일관되게 설명할 수 있는 평가시스템에까지 일관성있게 도입하고 있다.

좀더 구체적으로 설명하면 자기주도적이고 가치지향적인 프로티언 경력이 가장 잘 드러나 있는 영역이 스타트 업인데, 그들은 기존 조직의 룰과 다른 보다 민첩하고 도전적인 환경에 처해 있기 때문에 변화민감성이 뛰어나다고 할 수 있다. 그들은 변화의 신이라고 불린 프로테우스처럼 자신들이 구현하고자 하는 가치에 부합되지 않으면 대다수의 기업들이 사용하고 있는 평가시스템도 과감하게 제외시키고 자신들과 유사한 조직의 사례를 따른다. 그 대표적인 것이 OKR(Objectve and Key Results)이다. OKR은 인텔에서 시작해서 실리콘밸리 창업투자가인 John Doerr에 이르게 되면서, 자신이 투자한 벤처기업들에 권하며 확장되었다. 특히 1999년 구글이 도입하면서 현재 "구글이 목표를 달성하는 방식"으로 주목받게 된 새로운 평가프레임워크이다. OKR은 사실상 의미있는 목표와 달성할 수 있는 핵심결과들을 설정하는 목표설정 시스템이지만 이 시스템을 잘 구현하기 위해 가장 강조되는 것이 바로 "Why"를 생각하는 것이다(Niven, P. R., & Ben L., 2016). "의미있는, 가치있는 것이 무엇인가"에 대한 답을 하는 것, 바로 이 지점이 프로티언 경력과의 접점이다.

이와 같이 프로티언 경력은 변화의 시대가 요구하는 요소들을 내포하고 있으나, 미래 전망을 따라가는 레이더 역할을 하는 것이 아니라 개인의 멘탈모델의 역할을 한다. 즉, 프로티언 경력은 가치지향적이고 자기주도적이며, 인생 전체에 대한 관점에서 일과 삶의 균형과 소명의식과 연관되어 있다. "마음이 가는 길"을 따르는 프로티언 경력은 주관적 경력성공의 개념과 경력탄력성의 개념과 밀접한 연관성이 있다. 미래에는 파괴적 기술에 의해 다양한 직업이 탄생하게 될 것이라는 시대에 흔들림없이 자신의 사명에 따라 자기 주도적으로 학습하며 성장하는 것이 필요하다. 이것이 변화하는 시대에 우리가 프로티언 경력을 주목해야 하는 이유이다.

03 변화에 적응하기: 경력 탄력성(career resilience)

현대경제연구원은 2019년 10대 글로벌 트렌드의 하나로 "충전사회"를 제시하고 있다(현대경제연구원, 2019). 충전사회란 빠르게 변화하는 경제, 사회에 지친 심신을 회복하고 치유해주는 트렌드를 설명한다. 이와 같이 빠른 변화는 우리에게 불안과 피로감을 제공하고 있는데 경력에서도 이러한 경향은 비슷하게 일어나고 있다. 하나의 경력으로 지속하는 경우의 수가 사라지고, 낯선 직업과 예측 불가능한 경력에 대한 무게감은 온전히 개인의 것으로 된 상황에서 경력탄력성의 필요성이 대두되고 있다.

경력탄력성(career resilience)란 심리학 분야에서 회복탄력성(resilience)으로 다뤄지는 개념이었다. 회복탄력성이란 정신병리의 위험에 있음에도 불구하고 부정적 결과를 피하는 능력이다. 회복탄력성은 스트레스의 맥락과 종류에 따라 다양하기 때문에 회복탄력성은 인간의 성격에 있어 공통적이거나 절대적인 특성은 아니다. 경력 상담의 맥락에서 보면 Collard, Epperheimer와 Saign(1996)이 경력 탄력성에 대해 "상황이 실망스럽고 파괴적임에도 불구하고 변화하는 환경에 적응하는 능력"이라고 하였다. 이처럼 경력탄력성은 경력 개발의 맥락에서는 최근에 주목받고 있는 개념이다. 경쟁이 심한 글로벌 경제에서 지속적인 학습, 변화에 대한 적응, 자기 주도적 경력 관리, 진화하는 시장의 요구에 부응하는 사람들이 유리한 고지를 점령하고 있는데, 그들의 특징이 바로 경력탄력성이 높다는 것이 연구로 밝혀지고 있기 때문이다. 경력탄력성에 대한 정의는 연구가 발전됨에 따라 다음과 같이 정의되고 있다.

▼〈표 2〉 경력탄력성의 학자별 정의

학자	경력탄력성 정의
London & Mone (1987)	경력개발의 동기를 구성하는 가장 기본적 요소로 힘든 상황에도 변화에 적응할 수 있는 능력
Collard, Epperheimer & Saign(1996)	급속한 변화 환경에서 일생 동안 적극적으로 학습하며 자신의 일과 삶을 관리하는 것, 경력자립성(career self-reliance)을 표현함
London & Noe(1997)	비관적이거나 혼란스러운 상황을 포함하는 변화하는 환경에서도 적응하는 능력으로 정의
박정아, 정철영(2012)	급속한 변화로 혼란스럽고 어려운 상황에서도 변화에 적응하기 위해서 개인 스스로 적극적이고 능동적으로 자신의 삶과 경력을 관리하고, 지속적인 학습에 전념하며, 업무 성과의 질을 유지하도록 노력하여 역경과 어려움을 극복하는 능력 및 태도

위에서 살펴본 바와 같이 현대 경력 환경은 험하고 스트레스가 많다. 전통적 선형의 조직적 경력이 자기 주도적이고 가치 기반이며 경계선이 없는 특징의 현대적 경력에게 자리를 내어주게 되면서 개인이 주체가 되어 스스로의 경력 개발에 대한 책임을 더 많이 지게 되었다. 개인적으로 의미있고 생산적이며 만족스러운 직업환경을 만들어내기 위해 전문적 지식, 기술 그리고 태도를 이용하고 변화를 활용하는 능력과 자신감으로 정의하고 있는 경력탄력성은 간호사들의 경력개발, 진로심리학 분야에서 구체적인 연구들이 진행되어 왔다. 간호사들의 경력탄력성 연구에서 경력탄력성은 자기 효능감, 직업적 결과, 더 높은 직업적 만족감에 대해 정적인 영향을 미치는 것으로 밝혀졌다. 경력탄력성은 간호사들로 하여금 그들의 직업 환경에 대해 높아진 직업 만족감과 직업에 대한 헌신으로 반응할 수 있도록 한다. 따라서 예측불가능성과 역동적인 변화를 특징으로 하는 의료제도에 있어서 경력탄력적인

간호인력은 육성에 있어서 필수적인 요소로 그 중요성이 강조되고 있다(Lyons, Schweitzer, & Ng, 2015).

London과 Mone(1987)은 경력탄력성은 경력 자기관리에 필요한 장기적인 헌신과 지속성을 결합시키기 때문에 주도적 행동을 일으키는데 중요한 요소임을 강조하였다. 경력탄력성은 주도적인 성격과 직업 이동에 대한 준비행위와 발전적인 feedback을 찾는 행위와 같은 경력 자기 관리 행위를 매개한다고 설명하였다.

경력탄력성이 뛰어난 사람의 특성으로는 직업적 자율성, 위험을 감내하고자 하는 의지, 자신감, 자기효능감 그리고 변화와 경쟁적인 환경에 대한 보다 높은 적응력 등이며, 경력탄력성이 있는 사람은 변화에 쉽게 적응하고 그들의 지식을 지속적으로 향상시키며 자신의 경력 관리에 대해 스스로 책임을 가진다. 이 부분에서 앞서 설명한 프로티언 경력과 유사한 점을 발견할 수 있는데, 프로티언 경력과 경력탄력성은 모두 지속적 학습과 성찰을 강조하고 있는 점이다. 즉, 경력탄력성은 역경과 스트레스의 도전에 성공적으로 반응할 수 있는 능력이 내적, 외적 자원과 개인의 실천에 대한 지속적인 성찰에 의해 향상됨을 강조하고 있다(Rickwood et al., 2004).

경력탄력성을 개발하고 미래를 위한 자기 자신의 위치를 확보하기 위해서는 현존하는 기술과 가치에 대한 지식이 있어야 한다. 그리고 자신이 무엇을 성취하고자 하는지에 대한 견고한 생각이 있어야 한다. 즉, 자신의 재능은 무엇이며 자신의 흥미는 어디에 있는지를 알아야 한다는 것이다. 자신의 동기부여 수준을 알고 현재 자신이 하고 있는 일이 자신의 성격과 맞는지와 무엇이 자신에게 중요한지를 알아야 한다. 현재의 역할을 하고 있지 않았다면 다른 무엇을 할 수 있었을지도 생각해보아야 한다. 미래의 성공을 위해 추가적으로 어떤 기술이 필요한지 결정해야 한다.

평생직장은 과거의 일이며 이는 직장의 붕괴와 예측불가성으로 대체되었다. 우리는 직장과 경력이 수차례 바뀌고, 이동되고, 보직해임되거나 승진에서 누락되기도 하는 시대에 살고 있다. 변화에 발맞추는데 필요한 기술을 갖는 것뿐 아니라 실패에서 회복할 수 있는 능력이 오늘날의 변화하는 노동 시장에서 경쟁력을 갖는 데 필수적인데 이것이 바로 경력탄력성이 강조하는 바이다.

이와 관련한 경력 강화 프로그램은 자신이 획득해야 하는 능력뿐만 아니라 자신의 가치와 라이프 스타일에 대한 필요성도 고려하여야 한다. 어떤 일을 하고 싶은지, 어떤 조직에서 일하고 싶은지도 고려해야 한다. 여기에서 핵심 이슈는 "내가 원하는 사람이 될 수 있도록 할 수 있는 역할이 무엇인가"이며 여기에는 당신의 개인적 가치가 반영되어야 한다. 한 회사의 CEO가 되듯이 개인도 자기 인생의 CEO가 될 필요가 있다.

경력탄력성을 개발하고 성장시켜 스스로의 미래에 영향을 미칠 수 있는 순간이 온다고 상상한다면 우리의 개발 방향은 명확해 질 것이다. 경력탄력성을 개발하기 위해서 필요한 우리의 준비사항을 정리하면 다음과 같다(Frost, 2008).

긍정적으로 되기(Being positive)

경력탄력성은 내부적으로 자신의 가치를 믿는 것부터 시작된다. 경력 전환 작업을 통해 우리는 해고되지 않은 사람은 자신이 긍정적인 전망을 가졌다면 새로운 일자리를 구할 가능성이 더 크다고 한다. 직업을 구하면서 두려움과 결핍의 감정을 가지게 되면 구직의 과정이 더욱 힘들게 느껴진다.

긍정적 접근을 가지라고 하는 것은 현재의 위치에서 자기 자신을 새롭게 발견할 뿐만 아니라 발명할 수 있는 기회로 창조적으로 이용하기 위해 필요한 것이다. 회사나 직업에 변화를 준비하는 경우에 자신의 강점, 재능, 기술, 가치 등과 연관되어 찾아야 한다. 이처럼 경력에 있어 회복탄력성이 높은 사람들은 지속적으로 자기개발을 위해 노력하며, 자신의 강점과 약점이 무엇인지 보기 위해 노력하고, 자신의 능력과 가능성을 개발하기 위해 노력한다.

자신의 영향력을 만들기(Making your impact)

만일 경력전환이나 경력 이동을 해야 하는 경우라면 자신들이 속해 있는 시장에 대해 이해할 필요가 있으며, 스카우터들과 이야기를 나누고 어떤 직업들이 있는지를 탐색하고 스카우팅 웹사이트도 돌아보고 기업 보고서도 읽어야 한다. 정보탐색을 하면서 동시에 자신이 보유한 기술과 역량 세트를 점검하고 커리어 코칭 장면에서 제시할 자신의 레퍼토리를 늘려야 한다.

다른 한편으로 경력에 대한 마케팅 측면에서 점검해야 한다. 즉, 자신이 보유한 역량과 가치를 조직과 의사소통 할 수 있는지에 대해 살펴보고, 조직의 성과 문제를 이해하기 위해 상사들과 함께 일하고 적절한 중재를 마련할 수 있는지에 대해서도 준비가 필요하다.

자신의 경력을 되돌아보기(Review your career)

만약 자신의 경력을 뒤돌아보고자 하는 위치에 있다면 다음의 두 가지 관점에서 노력이 필요하다. 첫 번째로 자신의 경력 계획을 논리적인 부분과 직관적/창의적 부분으로 나누어 분류한다. 두 번째로 자신의 경력에서 직관적/창의적 부분에 집중하여 되돌아 본다. 경력 계획이 논리적이기만 하게 되면 실패하기 마련이다. 당신의 목표에 대해 당신의 포부, 꿈 그리고 흥미의 관점에서 생각해야 한다.

경력에 대한 전력화는 그 다음의 문제이다. 다음으로 할 수 있는 단계는 다른 사람들에게 그들이 어떻게 지금 그들의 위치에 다다를 수 있었는지에 대해 이야기를 나누는 것이다. 당신이 취할 수 있는 경로는 무엇인가? 개발해야 할 능력은 무엇인가? 당신의 최선을 보여주기 좋은 문화는 어떤 것인가?에 대한 충분한 고민과 성찰이 실행되어야 한다.

풍부한 경험하기(Enrich your experience)

때에 따라서 사람들은 피고용인에서 자영업자로 전환하기도 하고 직업을 바꾸기도 한다. 그러나 우리에게 있어 경력 강화의 핵심은 현재 위치에서 더 풍부한 경험을 할 수 있도록 개인적 책임감을 갖는 것이다. 당신의 관리자가 당신의 경력을 강화해주기를 기다리지 말고 직접 만들어야 한다. 경력 탄력성을 높이기 위해 필요한 경력 강화는 현재의 직장에 머물면서도 다른 관점으로 이를 바라보는 것일 수도 있다. 사람들은 자신의 상황에 대해 책임을 지기 시작하고 가능성에 대해 생각할수록 더욱 참여적이 된다. 경력경로를 계산할 때는 두 단계를 먼저 생각해야 한다. 다음 역할에 대한 계획만을 세우지 말고 그 다음의 것까지 계획해야 한다. 왜냐하면 경력경로가 계획과 달리 가끔씩 우회를 해야 하기 때문이다. 이와 같이 경력에서 우회나 결핍의 경험이 경력을 더욱 풍부하게 하고 경력탄력성을 개발시킨다. 일본에서 '경영의 신'으로 일컬어진 마쯔시 고노스케의 무학, 쇠약, 가난은 결핍을 통해 성장의 원동력을 만든 전형적인 사례가 될 수 있다.

04 현실과 직면하기: 리더와 코치의 역할

전통적인 경력이 아닌 새로운 경력에 대한 개념에 따르면 경력개발의 주체는 조직에서 개인으로, 자기 주도적으로, 가치 기반으로 그 지향점이 바뀌어가고 있다. 특히 4차 산업혁명이라는 시대의 흐름에서는 사라지는 직업들을 보면 그동안에 전문성으로 안정성을 대변하던 시대가 끝났음을 알 수 있다. 이러한 변화의 변곡점에서 불안과 초조의 환경에서 벗어나 흥미와 열정의 목표를 가질 필요가 있다. 이러한 부분에서 경력개발의 이정표가 되는 것은 개인의 가치이고 지속적으로 학습하는 것이다.

과연 개인이 경력개발의 주체가 되는 맥락에서 내부 조직의 리더와 외부의 커리어 코치는 어떠한 역할을 해야 하는가?

우선 외부의 커리어 코치들은 경력과 인생 개발의 어려움에 직면할 위험성이 높은 코칭대상자(Coachee)를 만나는 경우가 흔하다. Rickwood와 동료들의 연구에서(2004) 위험성이 높은 코칭대상자에게 있어 회복탄력성과 성공적인 경력 개발 사이에 연관성이 있음을 제시하였다. 위험성이 높은 인구의 많은 수에서 의사결정 기술이 빈약했으며 인생과 경력 개발에서 성공하겠다는 동기가 부족하였다. 또한 회복탄력성 이론의 관점에서의 경력 상담이 어떻게 다중의 장애물을 극복해야 하는 사람들에게 있어 성공적인 경력 개발을 가능하게 할 수 있는지에 대해 서술하고 있다.

<그림 1>에서는 코칭에 대한 네 가지 축을 기본으로 매트릭스로 코치의 정체성을 설명하고 있는데 미래 환경에서 필요한 조직의 리더

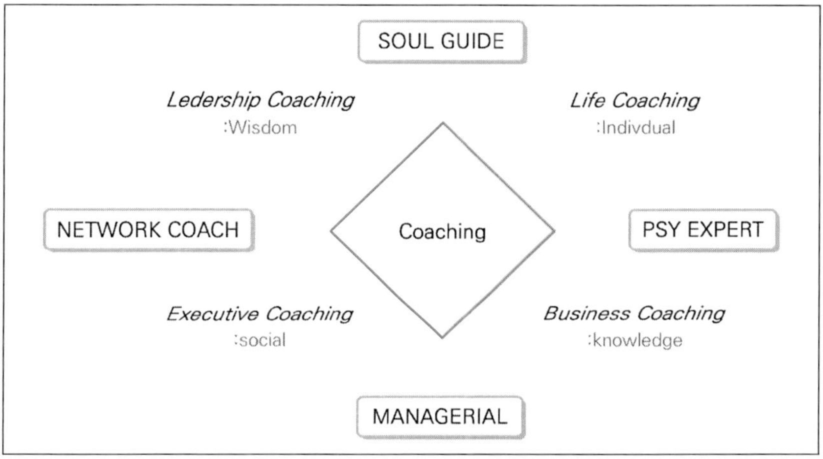

출처: Western, S. (2012). Coaching and mentoring: a critical text. London: Sage, p. 217.

〈그림 1〉 Mapping coaching approaches to the discourses

와 외부의 코치가 해야 하는 역할에 대한 논의를 해보고자 한다.

Western(2012)이 제시한 바에 의하면 'Soul guide'는 영혼의 거울로서 내면의 자아와 인간의 경험에 집중하고, 반면에 'Managerial'은 'Role－cocach'의 역할을 하고, 생산성과 역할모델에 집중한다. 'Psy expert'는 심리학의 테크니션으로 외부자아와 성과에 집중하고, 'Network coach'는 신흥전략가로서 네트워크와 연결성에 집중한다. 이 분류에 의하면 조직의 리더와 커리어 코칭을 하는 코치들의 역할이 구분되는 것 같으나 코칭대상자는 네 가지의 담론을 구별하지 않고 경력탄력성을 개발하고자 하는 필요와 목표가 있을 뿐이다.

따라서 조직의 리더나 커리어 코치를 구분하지 않고 경력탄력성을 높일 수 있는 방법에 대한 관심과 학습이 필요하다. 경력탄력성 체계에서 경력 개발 실천가는 위험성이 높은 코칭 대상자들로 하여금 도전적인 취업 환경을 더 잘 헤쳐나갈 수 있는 코칭을 할 수 있다. 이 체계는 모든 경력 상담 프로그램에서 적용되어야 할 몇 가지 과정을 권장하고 있으며 경력 상담과 중재 방법의 선택을 안내한다. 즉, 경력탄력성 체계에서는 코칭대상자들이 지식과 기술을 개발하여 자신들의 동기를 증진시키고, 관계를 향상시키며, 직업 가능성을 탐색하고 결정하며, 목표를 설정하고 행동을 위한 계획을 만들 수 있는 치료적 환경을 만들어야 한다고 제안한다.

경력 회복탄력성 체계를 사용하여 위험성이 높은 코칭대상자들의 자기 인식과 자기 효능감을 증진시킬 수 있으며 그들을 만족스러운 경력으로 이끌 수 있는 효과적인 목표와 계획을 개발하도록 안내할 수 있다. 다만 경력탄력성의 개념이 익숙치 않은 경우에는 장기 실업상태에 있거나 개인적으로 의미있는 직업을 가지고 있으며 노동인구에 진입하고자 하는 젊은이에게는 어떻게 경력탄력성 이론을 적용시킬지 의문일 수도 있다. 경력 회복탄력성 이론은 코칭대상자로 하여금 관계와 직업적 동기를 증진시키는 직업과 연관되지 않은 업무를 위해 자기 효능감에 기대도록 하는 데 이용될 수 있다.

경력 상담 이론에서는 상담가들이 내담자들이 강점, 자기 효능감, 자기 개념 그리고 자존감에 대해 상담하는 과정에서의 내담자의 경험을 고려하는 것이 중요하다고 제안한다. 그러나 이들 이론들은 현재의 경력 상담 문헌에서 주요하게 다루고 있는 회복탄력성의 요소들과 같은 사안들을 다루지 못하고 있다. 연구자들과 실무가들은 높은 위험성의 내담자들의 경력 여행에 경력탄력성이 미치는 영향을 인지하고 있어야 한다. 미래의 연구자들은 경력탄력성을 증진시키거나 없애는 요인들이 무엇인지 알아내야 하며 이 요인들이 위험성이 높은 인구의 현재와 미래의 경력에 어떤 영향을 미치는지에 대해서 연구해야 한다. 경력탄력성의 틀로 인해 어떤 혜택을 누릴 수 있는지를 알게 되면 어떤 영역에 있는 코치들을 막론하고 위험성이 높은 대상자들에 대해 그들의 경력과 인생의 목표를 만날 수 있도록 이끌 수 있을 것이다.

05
결론: 나침반과 충전기

변화에도 행복하기 위해서 현실에서 어떤 태도와 준비가 필요할 것인가에 대한 논의가 이 장의 마지막 종착지이다. 늘어나는 요구와 불확실성 속에서 어떻게 웰빙의 상태를 만들 수 있을까? Rath와 Harter(2010)는 우리 삶의 다섯 가지 영역 중에서 관계로서 웰빙을 "경력, 관계, 재정, 신체적 건강, 지역사회에서 우리의 역할"로 정의하였다. 그 중에서 첫 번째로 필수적인 것이 바로 "경력웰빙(career wellbeing)"이다. 우리는 종종 일이 기쁨의 자원이라고 여기지 않지만, 우리 삶의 가장 많은 시간을 일터에서 보내고 있음을 깨달으면 그 중요성을 인식하게 된다. 따라서 경력웰빙이란 우리의 일을 즐기는 것이 초점이며, 우리가 무슨 일을 하는지가 아니라 우리의 강점을 개발하고 매일매일 작은 진보라도 있는지에 대한 관심을 의미한다.

다시 처음의 질문으로 돌아가서 복잡하고 변화무쌍한 시대에 경력웰빙의 상태를 유지하기 위해서 우리는 무엇을 준비해야 하는가? 이에 대한 결론으로 프로티언 커리어가 제시하는 '내적 나침반'과 경력탄력성을 통한 경력만족이라는 '충전기'를 제안하고자 한다.

사실 사람들은 자기 자신의 것보다 타인의 목적을 충족시켜야 한다고 기대되어질 경우 결코 만족하지 못하거나 만족하더라도 그 기간이 오래가지 않는다. 그러므로 자신의 인생과 경력을 관리하는 만족의 내적 조절은 외적인 자극보다 강력한 동기를 제공한다. 경력만족은 자신의 선택이나 결정이 자신의 목적을 충족시키는 데 기여하기 위한 의도, 용기 그리고 지식을 필요로 하는 선택이다. 만족의 감정은 자신의 상황에 대해 어떻게 생각할 것인가와 그 상황에 구애받지 않고 자신의 경력을 관리하기로 결정할 것인가에 달려있다.

Hafran과 Garton(2010)은 의사들의 경력만족 연구를 통해 직업적 만족이 내부로부터 시작되는 것이며 다른 사람들이나 조직으로부터 오는 것이 아님을 설명하였다. 즉, 외적 요인으로 인한 불만족에도 불구하고 내적 요인들이 업무를 유지하도록 만든다고 한다. 외적 요인으로는 급여, 휴가, 스케줄과 기타 고려사항 등이고, 반대로 내적 요인들로는 다른 사람을 돕는다는 만족감, 질병과 싸운다는 정신적 도전 그리고 지속적인 학습과 지적 성장에 대한 필요 등이 있다. 조정이 불가능한 조건에 초점을 맞추기보다는 직무 만족의 유무에 상관없이 경력을 관리할 필요가 있다. 즉, 진정한 소명을 따르는 것이 경력만족일 것이며 이와 같은 의사의 진료실 앞에는 만족한 환자들이 줄을 설 것이다.

이처럼 경력만족은 자신이 조정하는 자신의 경력만족 혹은 내적 직업생활의 개념이며, 자신의 선택이나 결정이 자신의 목적을 충족시키는데 기여하기 위한 의도, 용기 그리고 지식을 필요로 하는 선택이다. 자신의 만족스러운 인생과 보람 있는 경력을 진정으로 즐기기 위해서는 다른 경력 대신에 혹독한 의사의 길을 선택한 이유에 집중해야 한다고 강조한다.

따라서 변화하는 세상에 '내 인생의 CEO'로서 가치를 발견하고, 존재이유를 설명하는 '미션'을 기술하며 이것이 내적 나침반으로 작용하여 경력개발의 여행을 지속적으로 나아가야 할 것이다. 이와 함께 여행의 중간에 불어오는 강하고 지속적인 바람에 우회하게 될 지라도 다시 자신의 흥미, 재능, 가치에 부합되는 경력의 목표를 향하여 지속적으로 나갈 수 있는 경력탄력성을 키워야 한다. 이러한 과정에서 오는 만족감을 통해 경력 웰빙을 깊이 있게 경험하게 되길 바란다.

참고문헌

강대석 (2007). 인적자원개발: 원리와 적용. 한경사.

박정아, 정철영 (2012). 대기업 사무직 근로자의 경력탄력성과 직무스트레스원, 자아존중감, 자기효능감 및 조직 내 사회적 지지의 관계. *진로교육연구, 25*(2), 59-80.

김경아 (2018). 여성의 경력단절 원인 및 재취업 방안 연구. *한국시민윤리학회보, 29*(1, 2호 합본).

김인선, 임가을, 구은경, 김희연, 이미경 (2006). 고학력 경력단절여성의 인적자원 활용방안 연구. 경기개발연구원.

안현옥 (2016). 경력단절 여성의 생활사건 스트레스경험, 자아존중감, 가족지지, 경력계획 간의 구조적 관계. 아주대학교 대학원, 박사학위논문.

이찬 (2017). Knowing 보다 Sharing과 Doing, 교실 밖 경험과 실천이 인재 만든다. *동아비즈니스 리뷰, 237*, 44-51.

한국여성연구회 (1997). 여성학강의_한국여성현실의 이해, 동녘.

Schwab, K. (2016). The Fourth industrial revolution. 송경진 역 (2016). 클라우스슈밥의 제4차산업혁명. 서울: 새로운현재.

Arora, R., & Rangnekar, S. (2015). Relationships between emotional stability, psychosocial mentoring support and career resilience. *Europe's Journal of Psychology, 11*(1), 16-33.

Briscoe, J. P., & Hall, D. T. (2006). The interplay of boundaryless and protean careers: Combinations and implications. *Journal of Vocational Behavior, 69*(1), 4-18.

Collard, B., Epperheimer, J. W., & Saign, D. (1996). Career resilience in a changing workplace. Columbus, OH: ERIC Clearinghouse on Adult, Career, and Vocational Education.

De Vos, A., & Soens, N. (2008). Protean attitude and career success: The mediating role of self-management. *Journal of Vocational Behavior, 73*(3), 449-456.

Frost, P. (2008). Building career resilience. *Training and Development in Australia, 35*(6), 12-13.

Gubler, M., Arnold, J., & Coombs, C. (2014). Reassessing the protean career concept: Empirical findings, conceptual components, and measurement. *Journal of Organizational Behavior, 35*(1), 23-40.

Hafran, M., M.D., & Garton, J. (2010). CAREER contentment keeping the feeling alive. *Medical Economics, 87*(15), 41-46.

Hall, D. T. (1976). Careers in organization. Glenview, IL: Scott Foresman.

Hirschi, A., (2018). The Fourth Industrial Revolution: Issues and Implications for Career Research and Practice, T*he Career Development Quarterly; Alexandria Vol. 66*(3). 192-204.

London, M., & Mone, E. M. (1987). Career management and survival in the workplace. San Francisco: Jossey-Bass.

London, M., & Noe, R. A. (1997). London's career motivation theory: An update on measurement and research. *Journal of Career Assessment, 5*(1), 61-80.

Lyons, S. T., Schweitzer, L., & Ng, E. S. W. (2015). Resilience in the modern career. C*areer Development International, 20*(4), 363-383.

Direnzo, M. S., Greenhaus, J. H., & Weer, C. H. (2015). Relationship between protean career orientation and work-life balance: *A resource perspective. Journal of Organizational Behavior, 36*(4), 538-560.

Niven, P. R., & Ben L. (2016). Objectives and Key Results: Driving Focus, Alignment, and Engagement with OKRs, John Wiley & Sons, Incorporated, ProQuest Ebook Central, http://ebookcentral.proquest.

com.ssl.openlink.ssu.ac.kr:8080/lib/ssu/detail.action?docID=4688970.

Tom Rath& Jim Harter (2010). Wellbeing: The five essential elements. New York: Gallup Press.

Rickwood, R. R., Roberts, J., Batten, S., Marshall, A., & Massie, K. (2004). Empowering high-risk clients to attain a better quality of life: A career resiliency framework. *Journal of Employment Counseling, 41*(3), 98-104.

Waddell, J., Spalding, K., Canizares, G., Navarro, J., Connell, M., Jancar, S., Victor, C. (2015). Integrating a career planning and development program into the baccalaureate nursing curriculum: Part I. impact on students' career resilience. *International Journal of Nursing Education Scholarship, 12*(1), 163-173.

CHAPTER

05

자기 경력 관리의 필수요인, 경력역량

CHAPTER

05

자기 경력 관리의 필수요인, 경력역량

최유연*

SUMMARY

세상에서 가장 확실한 것은 모든 것이 변한다는 사실일 것이다. 사람도 기술도 변화를 예측하기가 어려운 지금 이러한 변화들에 가장 민감하게 반응하는 것은 일(경력)과 교육이 아닐까. 일(경력)은 사람들의 현재 생계와 관련되어 있고 교육은 미래 생계와 관련되기 때문이다. 한국고용정보원(2018)의 4차 산업혁명 미래 일자리 전망 보고서에 따르면 현재 사라질 위기 직업과 새로운 유망 직업들이 예측되는데 유망 직업들은 대체로 기술발달과 관련된 직업들이다. 그 외의 직업들은 거의 대체되거나 무용할 것이란 두려움에 휩싸이기도 한다. 정말 인간이 할 수 있는 모든 직업과 역량을 인공지능이 대체하는 걸까? 예측불허의 급속한 변화 속에서 우리가 할 수 있는 또는 기대할 수 있는 힘은 무엇일까? 미래사회 경력과 관련한 이러한 복합적인 이슈에 대해 최근 경력 관련 연구

* 고려대학교 HRD정책연구소 연구교수(cyycool@korea.ac.kr).

에서 논의되고 있는 경력역량(career competency)의 관점에서 고찰해 보고자 한다. 미래사회 경력개발에 있어 경력역량의 의미와 구성요인들 그리고 경력역량의 개발을 위한 자기 실천적 방안들을 살펴봄으로써 현재 경력자로서 그리고 미래 경력자로서 자신의 경력을 주도적으로 관리하고 계획하는 데 도움이 될 것이라 여긴다.

KEY WORD

경력역량, 자기 경력 관리

01 왜 경력역량인가? 노마디즘이 필요한 시대

21세기의 시작과 함께 태어난 2000년 이후 생들은 기대수명의 증가로 다음 세기인 22세기까지 살아갈 것이 예상되나 이들이 배우는 오늘날 교육 내용의 대부분이 무용할 것이란 지적이 제기된다. 이런 부정적인 예측과 불확실성은 지금 세대만의 고민은 아니었을 것이다. 인류는 이전에도 이런 고민의 끈을 놓지 않았기에 어쩌면 오늘의 우리가 이만큼 발전하며 살아가고 있는 것일지도. 이런 고민들이 인류의 본질적인 과제라고 할 때 당면한 과제 앞에서 지금의 우리가 선택할 수 있는 방법은 무엇일까? 1990년대 후반부터 이어진 정보통신기술의 급격한 변화는 일(work) 또는 직업(job) 그리고 이의 역사라 할 수 있는 경력(career)의 패러다임에도 급격한 변화를 초래해 왔다. 1990년대 독일의 미래학자 엥리슈는 그의 저서 <잡 노마드 사회>에서 노마드(nomad)와 잡(job)을 합친 신조어로 잡 노마드[1](job nomad)를 제안한 바 있다. 고전이 되는 듯했던 이 용어는 오늘날 스마트 기기의 보급 확대와 함께 등장한 디지털 노마드(국수미, 2018) 등의 용어와 함께 미래 노동시장의 흐름을 정확히 예측한 현대 직장인들의 모습을 칭하는 트렌드가 되가는 듯하다.

---

1 잡 노마드(job nomad): 프랑스 철학자 들뢰즈(Deleuze)가 사용한 노마디즘(nomadism)에서 유래한 유목민, 유랑자를 뜻하는 노마드와 잡을 결합하여 독일 미래학자 Gundula Englisch(2016)가 직업을 따라 유랑하는 유목민을 지칭한 신조어. 첨단 정보통신시대에 자유롭고 창조적인 사고방식을 지향하며 한 직장이나 직종에 매여 살지 않고 끊임없이 자신을 바꾸어 가는 창조적 행위를 지향하는 직업인을 뜻함(출처: 한국경제(http://news.hankyung.com))

변화만이 확실해진 시대, 현재 존재하고 있는 기업이나 조직이 미래까지 존속될 것이란 예측은 이제 거의 불가능에 가까워졌다고 해도 과언이 아닐 것이다. 기업은 매년 위기와 이의 대처가 최선의 전략이 되어 버린 것 같기도 하다. 당연히 여기에 속한 구성원 개인의 존폐도 불확실해질 수밖에 없으니 구성원들 또한 점점 더 현재 직장이나 업종에만 계속 안주할 수 있으리라 생각하기 어려워진다. 그렇다고 현재에 충실하지 않거나 등한시 할 수도 없기에 주어진 일을 열심히 하면서도 자기만의 또 다른 능력과 새로운 스킬을 유지하고 개발하기 위해 지속적으로 노력해야 한다. 지금의 일을 계속하면서 또 다른 미래를 준비한다는 것, 미래지향적 경력 관련 역량의 개발이 점점 더 중요해지고 있다. 현재의 직장이나 직업, 불확실한 미래를 대비하기 위해 개인 스스로 경력 관련 역량을 주도적으로 개발해 나가야 한다면 조직에만 한정되지 않은 개인에게 귀속된 온전한 개인 경력역량이 미래 경력관리를 위한 경쟁력이 된 셈이다.

이제 조직의 구성원들이 소속 조직에 기대했던 심리적 계약(Inkson & King, 2011)보다는 탈조직적이면서도 어떤 조직, 어떤 직무에서도 일할 수 있는 역량을 보유하는 노마드 성향의 무경계적 경력(boundaryless career) 태도의 필요성이 커지고 있다. 이러한 개인의 조직 무경계적 태도나 자유로운 이동성이 조직에의 부적응이나 낮은 경쟁력을 의미하는 게 아니라 불확실한 미래와 변화에 대비하는 경력자로서의 주도적인 역할 행동이자 자기 경력 관리의 필수요인으로 변화하고 있다. 경력에 있어 개인이 스스로 자기 경력에 관한 정체성과 적응력을 보유하고 지속적인 학습을 통해 개발해야 한다는 자기 경력 관리 전략과 실천적 지침의 중요성들이 제기되고 있다(Dries & Verbrugen, 2012; Guan, Arthur, Khapova, & Hall, 2018; Inkson, Gunz, Ganesh & Roper, 2012; Ituma & Simpson, 2009). 즉, 개개인의 자기 경력 관리의 시대에서는 조직 내 이너(inner) 경력을 관리하면서도 조직 밖 아우터(outer) 경력이라는 이중 경력과 생애 전반에 관한 평생 경력(lifelong career)까지 통합적으로 고려해야 한다. 급속한 기술의 발달이라는 혜택 속에서 편리함과 생명연장을 얻는 대신 지속적으로 배우고 일하고 준비하고 노력해야 하는 대가를 치러야 하는 것이다. 이런 길고도 복잡한 배움을 통해 일(경력) 관련 세계를 관리하고 개발해 나가기 위해서는 이제껏 배운 지식과 스킬만으로 부족함은 당연할 것이고 앞으로 배워야 할 지식과 스킬의 범위도 무한할 것이다. 어쩌면 가장 확실한 것은 죽는 날까지 배워도 이 세상의 많은 지식을 다 못 배우고 죽게 되는 인간의 운명처럼 계속해서 일하는 경력자로 남기기 위해서는 끊임없이 배우고 활용하는 능력과 태도만이 요구된다고 하겠다. 이런 관점에서 미래 경력에서 필요한 통합적 자기 경력 관리의 필수요인으로 경력역량(career competency)을 제안하고자 한다.

02 자기 경력 관리의 필수요인, 경력역량

경력역량(career competency)이란?

경력 패러다임의 전환과 함께 경력과 관련된 내·외부적 환경의 변화에 발맞추어 경력을 개발하고 경력을 관리하기 위한 여러 개념이나 요인들이 지속적으로 연구되어 왔다. 1990년대에 이론적 개념이 대두되었다가 2000년대 후반부터 경력 관련 분야에서 연구되고 있는 개념 중 하나인 경력역량(career competency)은 초기에는 탈조직적 관점의 무경계성과 조직 이동성을 강조했다(DeFillippi & Arthur, 1994). 이후 개인적 특질, 경력 적응성, 경력 정체성, 경력 동기 등 경력 관련 다양한 요인들과 함께 연구되면서 경력 전반에 관련된 요인들을 포함한 역량으로 확대되어 오고 있다(Akkermans & Tims, 2017; Hirschi, 2012).

경력역량의 개념에 대한 이해를 돕기 위해 먼저 단어적 의미를 보면, 경력역량은 경력과 역량이 합쳐진 단어로 보이나 그 의미는 좀 더 포괄적으로 해석되어 경력 전반을 수행하는 데 필요한 총체적인 역량으로 정의된다(Akkermans & Tims, 2017; Hirschi, 2012). 본래 역량은 특정 상황이나 직무에서 구체적 준거나 기준에 비추어 효과적이고 우수한 개인의 내적 특성, 지식, 기술, 자기개념, 특질, 동기 등을 포함한 개념이자(오헌석, 2007; Spencer & Spencer, 2000; Stoof, Martens, van Merrienboer, & Bastiaens, 2002), 고성과자와 저성과자 간 차이를 구별해 주는 지식, 기술, 태도 등으로 발전해 온 개념이다(Boyatzis, 2008; Rychen

& Salganik, 2003; Spencer & Spencer, 2000).

이에 반해 경력역량은 내재적 특성과 개인적 능력으로서의 역량을 포함한 더 넓은 개념으로 개인이 주도적으로 자기 경력을 관리하기 위해 필요한 경력 전반에 관련된 역량이다. 즉, 경력역량은 경력관리와 개발을 위해 필요한 지식, 태도, 능력을 포함한 성공적인 직무수행에 필요한 개인의 경력 전반에 관련된 역량이다(Akkermans, Brenninkmeijer, Huibers, & Blonk, 2013). 불확실한 경력 현실에서 스킬과 능력의 향상에 몰입하여 더 좋은 대안을 마련한다는 의미의 고용가능성을 포함하는 개인의 일과 삶 전반에 관련된 역량이기도 하다(Haase, 2007; Kuijpers, Meijers, & Gundy, 2011). 경력역량은 경력 정체성이나 적응성을 포함하며(Hall, 2002, 2004), 경력동기, 경력전략 등 경력성공의 요인과도 밀접한 관련이 있으나 이를 포함한 일(경력)에 관련된 총체적인 역량의 의미로 확대되고 있다(Akkermans & Tims, 2017).

경력 관련 연구에 많은 영향을 끼친 Hall(2002)은 경력역량을 개인이 자신의 경력을 스스로 조정할 수 있는 능력으로 정의하고 자기 자신과 경력 관리에 필요한 더 높은 스킬과 지식, 자기인식과 적응력 그리고 모호함과 불확실성에 대한 인내를 포함한 개념으로 경력 메타역량을 제안했다. 이후 Hall의 경력 메타역량은 개인을 지속적으로 학습하게 하는 방법이자 다른 사람과의 상호작용을 통해 발전하게 하는 동인으로 작용하는 것으로 나타났다(Brown & Bimrose, Barnes, & Hughes, 2012; Hall, 2004). 또한, 개인이 자신의 경력 메타역량을 활용하여 사회적인 교류와 가치 있는 차이를 만드는 과정은 자기 회복이나 효과적인 커뮤니케이션 스킬 향상 등 개인의 능력 범위를 확대하는 데 중요한 것으로 지지되었다(Briscoe, Hall, & DeMuth, 2006; Guan et al., 2018).

Hall(2002)의 자기인식과 경력 적응력은 다양한 연구자들에 의해 후속연구들로 이어졌는데 Fugate와 Ashforth(2003)의 연구에서는 경력역량의 요인인 자기인식은 경력과 관련되어 스스로 인식하는 자신의 강점, 약점, 동기 그리고 스스로가 되길 바라는 가치에 대한 정확한 관점으로 구체화되었다. Hall(2002, 2004)은 경력 메타역량으로 경력 적응성과 정체성을 강조하면서 이에 관련된 경력 관련 행동들을 구체적으로 제시하는 등 경력역량의 실증적 연구에 기여한 것으로 평가된다. Hall(2002)의 경력역량 의미와 요인들을 정리하면 다음 <표 1>과 같다.

▼〈표 1〉 Hall의 경력역량 요인과 행동특성들

경력역량 요인 및 정의		관련 행동특성들
적응성	새로운 환경의 요구에 부응하여 스스로를 개발할 수 있는 능력	• 유연성 • 탐색 • 새롭고 다양한 사람들과 의견들에 대한 개방성 • 대화 기술과 새로운 도전을 수용하고자 하는 열정 • 급속한 변화에 대한 수용
자기 인식 =정체성	자신에 대해 지속적으로 반성과 평가, 학습을 할 수 있는 능력	• 자기 평가 • 개인적 피드백에 대한 탐색, 경청 행동 • 개인적 가치에 대한 탐색, 의사소통, 이에 근거한 행위 • 다양한 자기개발활동 참여와 자기개발의 귀감이 되는 것 • 자기개발에 대한 보상 • 새로운 학습을 촉진하는 관계 형성에 대한 적극적인 탐색 • 자기인식, 능력, 역할, 다른 개인적 특질, 상황에 따라 변화하려는 적극성

출처: Hall(2002), pp. 161－162.

전술한 바와 같이 경력역량은 1990년대 무경계 경력(boundaryless career) 이론을 확대, 발전시키는 과정에서 제기되었는데 무경계 경력을 주장하는 연구자들은 조직의 경계를 벗어난 이동성과 유연성, 즉 조직의 경계를 초월한 다양한 환경에서의 개인의 경력에 있어서의 경험을 강조하면서 조직 간 경계뿐만 아니라 업무와 비업무도 경계가 없다고 여겼다. 또한, 경력에 있어 개인은 스스로 무대의 배우와 같이 자신의 경력이란 연극을 이해하고 성찰하고 표현하는 주도적인 무경계성의 정도(수준)를 중요시해야 한다고 주장하였다(Arthur, 2014; Sullivan & Arthur, 2006).

이러한 무경계적 태도의 경력역량은 다양한 후속연구로 이어지고 있는데 무경계적 태도의 경력역량은 개인이 현재 소속된 조직뿐만 아니라 외부와의 네트워크나 정보를 통해 관리되어야 하는 역량으로 특히 조직 내부에 국한되지 않은 타당한 외부 노동시장의 평가를 기반으로 한 경력기회와 경력결정을 강조한다(Inkson et al., 2012; Gunz, Ganesh, & Roper, 2012; Wolff & Moser, 2009). 또한, 무경계적 경력 태도를 지닌 구성원은 자기 주도적, 개인적인 경력 성향을 지니며 조직 내 빠른 승진이나 임금 등 객관적 요인보다는 자신의 경력이 진행되는 과정이나 업무에서의 성취감 등 주관적 요인에서 경력만족을 얻고자 하는 것으로 나타났다(Arthur, 2014; Briscoe et al., 2006; Khapova & Arthur, 2011; Tams & Arthur, 2010). 무경계 경력태도를 기반으로 한 경력역량은 개인의 경력만족이나 주관적 경력성공에 영향을 미치며 스스로를 이해하고 차별화시키며 변화를 촉진함으로써 직무 관련 상황에 지속적으로 적응할 수 있도록 해주기도 한다(Francis-Smythe, Haase, Thomas, & Steele, 2013; Kong, Cheung, & Song, 2012; Kuijpers, Schyns, & Scheerens, 2006).

오늘날 일(경력) 관련 환경의 변화는 자발적 혹은 비자발적으로 개인이 하나의 조직에만 매여 경력을 유지하거나 관리하는 것을 점점 더 어렵게 하고 있다. 이제 조직에 속하기보다는 개인에 속하는 무경계적 태도의 경력역량 개발은 궁극적으로 개인의 경력성공을 촉진하는 요인이라는 주장도 제기된다(김시진, 김정원, 2010; Arthur, 2014; Khapova & Arthur, 2011; Volmer & Spurk, 2011).

이와 같은 맥락에서 경력역량은 직무와 관련된 긍정적 행동을 이끌어 내는 에너지원으로 작용하게 되며 개인의 경력 정체성, 일의 의미, 자기 인식과 같은 경력동기나 목적의식을 증가시키는 역할을 한다(Felker & Gianecchini, 2015; Latzke, Schneidhofer, Pernkopf, Rohr, & Mayrhofer, 2015). 또한 경력역량은 경력개발과 경력성공을 위해 자신이 지닌 에너지로서 역량을 더 많이 투입할 필요성을 인식하게 해주는 역할을 한다. 이러한 인식을 통해 축적된 개인의 능력은 암묵적, 형식적 지식을 끌어냄으로써 경력 관련 스킬의 향상을 촉진해 준다. 더 나아가 조직 내·외부의 자발적인 네트워크를 구축하여 문제해결을 수행하고 동료들과의 협력과 참여를 통해 성과를 향상하는 데 기여하는 것으로 나타난다(Felker & Gianecchini, 2015; Meier, Favero, & Compton, 2016). 최근 들어 경력역량은 직무 도전성, 성장 기회, 경력내적통제소재 등 다양한 경력자본의 틀 안에서 연구되면서 그 의미와 필요성이 강조되고 있는 추세이다(Akkermans & Tims, 2017; Hirschi, 2012).

불확실성과 복잡성의 증대만이 확실하게 예측되는 일(경력)의 세계에서 개인은 스스로 자기 경력 관리의 필수요인인 경력역량을 확보하고 이를 주도적으로 개발하고 그 경계를 넓혀 나감으로써 조직 내·외부적으로 자신의 가치를 높이고 경쟁우위를 지속적으로 확보할 수 있다(Guan et al., 2018; Hirschi, 2012; Inkson & King, 2011; Segers & Inceoglu, 2012). 개인이 경력역량을 보유하고 개발하는 궁극적인 목표는 자기 경력 관리를 통한 경력만족과 경력성공에 이르는 것이라 할 수 있다. 이를 위해서는 경력역량 강화를 위한 전략과 실천적 지침들을 필요로 한다.

경력역량의 영역과 요인들

경력역량이 경력관리와 경력성공의 필수요인임을 인식할지라도 개인이 주도적으로 경력역량을 어떻게 개발해 나갈지에 대한 구체적인 방법에 대한 고민은 현실적으로 막연할 수도 있다. 특히 아직까지 안정적인 현재의 조직에 소속되어 있는 경우, 이를 벗어난 사고와 미래지향적인 준비를 함께 실행하기는 여러 가지 어려움이 따를 수도 있다. 경력역량 관련 연구자들이 분류한 경력역량의 영역과 이의 구성요인들을 살펴봄으로써 경력역량의 구체적 실천방안에 대한 tip을 얻을 수 있다.

무경계 경력 관점에서 경력역량을 시간이 지남에 따라 발달되는 개인의 지식의 축적이자 경력성공을 촉진하는 요인으로 정의한 DeFillippi와 Arthur(1994)는 경력역량의 개념을 구성하는 영역을 knowing－why, knowing－how, knowing－whom의 세 가지로 제안했다. Arthur, Claman과 DeFillippi(1995)는 Quinn(1992)의 지능형 기업에 착안하여 새로운 기업의 구성원에게 필요한 역량으로 경력역량을 정의하고 knowing－why, knowing－how, knowing－whom의 세 영역을 구체적으로 개념화했다. Jones와 DeFillippi(1996)는 knowing－what, knowing－where, knowing－when 영역들을 추가적으로 제시했다. 무경계 경력 관점에서의 경력역량의 영역 구분을 정리하면 다음 <표 2>와 같다.

▼〈표 2〉 무경계 경력 관점에서의 경력역량의 영역 구분

연구자	경력역량 영역	의미
DeFillippi & Arthur (1994)	knowing-why	경력역량을 지식의 축적으로 보고 3가지 지식(knowing)을 토대로 한 지적 영역의 개념을 최초로 제안
	knowing-how	
	knowing-whom	
Arthur, Claman, & DeFillippi (1995)	knowing-why	조직 가치, 이익, 신념 등으로부터 나온 조직문화에 대한 개인의 인지 능력
	knowing-how	직업적 지식과 전문성의 축적을 토대로 한 직무나 업무 관련 스킬 및 지식
	knowing-whom	조직 내부뿐 아니라 외부에서 확립된 사회적 접촉, 평판, 애착 등 관계적, 대화적 능력
Jones & DeFillippi (1996)	knowing-what	기회, 제약점, 장애, 요구사항 등 환경을 적절하게 '읽는' 능력
	knowing-where	자신의 경력에 대한 적절한 방향성을 제시하는 능력
	knowing-when	경력선택, 계획에 있어 올바르게 '보이는' 선택을 하는 능력

출처: Francis-Smythe et al., (2013), pp. 228-229.

위의 <표 2>의 경력역량의 영역별 의미를 살펴보면 첫째, knowing-why는 '왜 우리는 일을 하는가'를 의미하는 성찰적 역량으로 개인이 자신을 고용하고 있는 조직의 가치, 이익, 신념으로부터 나온 조직문화에 대한 인지능력이나 일(경력)에 관련 동기나 의미를 탐색하는 능력이다. 이러한 성찰적 역량은 개인의 경력 상태에 대한 전반적인 헌신과 적응력에 영향을 미친다. 둘째, knowing-how는 '어떻게 일하고 있는가'를 뜻하는 방법적 역량으로 개인의 노하우나 전문 능력에 관련된 역량이다. 직업적 지식과 전문성의 축적에 기반한 직무 관련 스킬과 이를 발휘하고 개발하는 능력을 뜻한다. 셋째, knowingwhom은 '누구와 함께 일하고 있는가'를 의미하는 관계적 혹은 대화적 역량으로 개인이 경력을 추구하는 동안 조직 내·외부적으로 관계를 구축하고 이를 자신의 일(경력)에 활용하는 능력이다. 조직 내부뿐 아니라 외부에서 확립된(Inkson & Arthur, 2001) 사회적 접촉, 평판, 애착 등이 해당된다. 이와 같이 경력역량은 무경계 경력 관점을 기반으로 한 knowing의 영역으로 구분되며 지적 경력 모델과 자기 경력 관리 관점 등 다양한 경력 이론들의 관점에서 연구되면서 개인의 경력에 관련된 전반적이고 포괄적인 개념으로 확대되어 왔다(Akkermans & Tims, 2017; Akkermans et al., 2013).

경력역량의 이해와 역량 확대를 위한 실천적 tip을 얻기 위해서는 선행연구들에서 언급된 경력역량의 세 가지 knowing의 영역의 구성요인인 하위의 경력역량들을 살펴볼 필요가 있다. 첫째, 경력역량의 knowing-why 영역은 일에 대한 성찰적 역량으로 일의 동기와 계획을 성찰하고 자기의 능력과 자질을 인식하는 능력을 의미한다. 이의 하위 경력역량으로는 경력 동기 성찰력, 경력 계획력, 자기 인식력, 자질 성찰력, 경력 조절력 등이며 다음 <표 3>과 같다.

▼〈표 3〉 경력역량의 knowing-why 영역과 요인들

<table>
<tr><th colspan="2">영역/요인</th><th>정의</th></tr>
<tr><td rowspan="6">knowing
−why</td><td colspan="2">일(경력)의 동기와 계획을 성찰하고 자기의 능력과 자질을 인식하는 능력</td></tr>
<tr><td>경력동기
성찰력</td><td>일(경력)에 관련된 능력과 동기를 성찰해 볼 수 있는 역량(Hall & Mirvis, 1995; Murphy, 2001)</td></tr>
<tr><td>경력 계획력</td><td>어떤 일(경력) 목표를 추구해야 할지 알고, 전략적으로 수립하는 능력(Haase, 2007)</td></tr>
<tr><td>자기 인식력</td><td>일(경력) 관련 적성, 흥미, 열망, 과제 등 스스로를 인식하는 능력(Kuijpers & Scheerens, 2006)</td></tr>
<tr><td>자질 성찰력</td><td>일에 대한 스스로의 강·약점, 재능, 스킬 등을 알고 성찰할 수 있는 능력(Uzoamaka, Hall, & Schor, 2000)</td></tr>
<tr><td>경력 조절력</td><td>경력 발전 기회나 가능성을 내외부적으로 탐색하는 능력(Akkermans et al., 2013)</td></tr>
</table>

출처: Akkermans et al., (2013), pp. 248−251; Francis−Smythe et al., (2013), pp. 228−230.

위의 <표 3>에서 경력역량의 knowing−why 영역의 하위 역량 중 경력동기와 자기인식은 각각 경력성공에 관련된 요인이다. 경력동기는 개인이 자신의 경력 관련 정체성이나 통찰력, 회복력을 경력 상황들에 반영시키려는 경력결정 행동과 개인적 특징이 결합된 경력성공 요인이다(London, 2014). 경력성공을 위한 경력전략 요인으로서 자기 인식은 경력 선택에 있어 개인이 보여주는 확실함의 정도를 뜻하는데 이러한 자기 인식의 부족은 경력 미결정의 원인이 된다(Meijers, Kuijpers, & Gundy, 2013; Greenhaus et al., 2018). 일(경력) 관련 자신의 흥미, 재능, 강점과 약점 등 자기 인식 능력은 경력 자기 관리를 위한 스킬의

집합체이며 개인의 경력자산이자 경력역량이 된다.

둘째, 경력역량의 knowing−how 영역은 일(경력) 관련 행동적 또는 방법적 역량으로 직무 관련 스킬을 개발하는 능력을 의미한다. 이의 하위 경력역량으로는 경력 직무 스킬, 일 탐색력, 경력 개발력, 조직 정치 인식력 등이며 다음 <표 4>와 같다.

▼〈표 4〉 경력역량의 knowing-how 영역과 요인들

영역/요인		정의
knowing−how	직무나 경력 관련 스킬을 개발하고 조절하는 행동적 능력	
	경력 직무 스킬 개발	경력성공에 도움이 되는 직무를 계획하고 수행하는 능력(Judge, Kammeyer−Mueller, & Bretz, 2004)
	일 탐색력	일(경력) 관련 책임과 역할을 이행하고, 지식과 스킬을 개발하는 능력(Haase, 2007)
	경력 개발력	일(경력)의 발전을 위해 지속적으로 학습하고 유연하게 적응하는 능력(Kuijpers & Scheerens, 2006)
	조직 정치 인식력	조직 내 권력구조뿐만 아니라 일 관계에서 공식, 비공식 정보를 얻는 능력(Perrewé & Nelson, 2004)

출처: Akkermans et al., (2013), pp. 248−251; Francis−Smythe et al., (2013), pp. 228−230.

위의 <표 4>에서 경력역량의 knowing−how 영역의 하위 역량 중 경력 직무 스킬 개발과 경력 개발은 경력성공에 관련된 경력전략의 요인과 유사하다. 즉, 경력 직무 스킬 개발은 미래지향적 경력전략으로 지속적인 학습과 관련이 있으며 주관적 경력성공에도 긍정적 영향을 미치는 것으로 나타났다(Dries, Pepermans, & Carlier, 2008; Eby, Butts, &

Lockwood, 2003). 경력 목표설정과 경력계획을 명확히 하는 등의 경력개발력은 지속적으로 경력에 관심과 집중을 쏟게 하고 잠재력 있는 미래에 대한 명확한 그림을 그릴 수 있게 해준다(Callanan & Zimmerman, 2016; Rachmawardini, 2010). 조직 정치 인식력은 Mintzberg(1985)가 조직을 정치적 무대라고 비유한 이후에도 몇십년이 지난 후에야 강조되기 시작했는데 개인들이 경력 성공의 기회를 높이기 위해 사용하는 경력전략의 일부로 여겨지기도 한다. 조직 정치는 개인의 정치적 지식으로 축적되거나 이를 긍정적으로 사용하게 되면 경력성공 요인인 연봉, 승진, 경력만족, 직무수행 등에 긍정적 영향을 미치는 것으로 나타났다(Blickle, Ferris, Munyon, Momm, Zettler, & Schneider, 2011; Shaughnessy, Treadway, Breland, Williams, & Brouer, 2011). 마지막으로 경력역량의 knowing-whom 영역은 일(경력) 관련 사람들과 관계를 맺고 대화를 하는 등의 관계적 능력을 의미한다. 이의 하위 경력역량으로는 네트워크(관계 형성력), 자기 표현력, 피드백 추구력 등이며 다음 <표 5>와 같다

<표 5>에서 네트워크는 우리나라에서는 일반적으로 사람들 사이의 관계를 표현하는 관계 형성력으로 볼 수 있는데 개인들은 이러한 관계를 형성하고 발달시키기 위해 자리 잡기 행동, 자기 홍보 등의 영향력 행동, 경계를 유지하는 경계 관리 등의 세 가지 행동을 취한다(King, Burke, & Pemberton, 2005). 피드백 추구력은 경력 자기 관리 행동의 일종으로 피드백을 받고자 하는 개인은 자신의 수행을 개선하고 스킬을 개발하며 발전을 이루기 위해 적극적으로 피드백을 요청해야 한다(VandeWalle, 2003). 자기 표현력은 자신의 경력 열망이나 목표, 개인적인 성취와 달성을 상사와 동료 등 다른 사람들에게 알리는 전략들을 포함한다. 그러나 이러한 자기 표현력은 긍정적으로 사용되면 명성을 쌓고 주목을 받을 수 있는 경력전략의 요인이 되나 부정적으로 사

▼〈표 5〉 경력역량의 knowing-whom 영역과 요인들

영역/요인		정의
knowing－whom	일(경력)에 관련된 관계를 맺고 자기를 표현할 줄 아는 관계적 능력	
	네트워크 (관계 형성력)	조직 내외부의 노동시장에서 일(경력) 관련 기회와 관계들을 형성해 가는 능력(Kuijpers & Scheerens, 2006)
	자기 표현력	일 관련 자신의 능력과 가치를 다른 이에게 보여줄 수 있는 능력(Arthur, 2008; Kuijpers & Scheerens, 2006)
	피드백 추구력	자신이 바라는 경력기회를 얻기 위해 상사나 주변인에게 적극적으로 피드백을 요청하는 능력(Haase, 2007)

출처: Akkermans et al., (2013), pp. 248－251; Francis－Smythe et al., (2013), pp. 228－230.

용하게 되면 다른 사람들에게 정치적 기술을 발휘하는 것으로 여겨질 수도 있다(Perrewe & Nelson, 2004; Yamamoto, 2006). 경력역량은 개인이 주도적으로 자기 경력을 관리하고 개발하기 위해 필요한 경력 전반에 관련된 성찰적, 방법적, 관계적 역량을 의미하며(Akkermans et al., 2013), 경력관리와 경력성공의 요인들까지 폭넓게 포함하고 있는 통합적인 자기 경력 관리의 필수요인임을 알 수 있다. 앞으로도 경력에 있어 개인의 자기 경력 관리의 필요성과 중요성은 점점 더 커질 것이 예상됨에 따라 경력역량과 다양한 경력 관련 요인들과의 실증적 연구는 더욱 더 활발해질 것으로 여겨진다(Akkermans et al., 2013; Guan et al., 2018).

03

경력역량의 확보와 개발

경력역량의 knowing-why 발휘하기: 인공지능 AI(Artificial Intelligence) 기술에 대응하는 자기 강점 탐구 AI(Appreciative Inquiry)

우리 대부분은 일(경력)에 있어 자신이 '잘 하는 것'보다 '잘하지 못하는 것'을 더 잘 알고 있다. 하지만 자신이 잘하지 못 하는 것을 잘하는 것이 자신이 잘 하는 것을 잘 하는 것보다 훨씬 더 어렵다고 한다. 즉, 사람은 자신이 잘 할 수 있는 것에 집중하는 것이 훨씬 더 효과적이다. 사람의 타고난 성격(personality)을 바꾸기 어려운 것처럼 자신의 강점을 개발하기가 더 쉽고 약점을 보완하기는 어렵다는 뜻이기도 하다. 일(경력)에 있어서도 자기 자신을 잘 인식하고 자신이 지닌 역량을 발견하여 이를 잘 발휘할 수 있는 방식을 알고 지속적으로 향상시키고 표출하기 위한 노력에 집중하는 것이 경력역량의 확보와 개발에 더 필요한 방법이 될 것이다.

유연한 경력 노마디즘 성향을 지니고 변화하는 경력 세계에 적응하며 살아가기 위해서는 자기 자신의 경력역량을 잘 인지하고 스스로를 잘 관리해야만 하는데 이를 위해서는 무엇보다 먼저 자신이 잘 할 수 있는 분야를 스스로 찾아가 자리를 잡는 것이 중요하다. 자신의 경력역량을 어떻게 계속 유지할 것인지, 어떤 방식으로 일을 할 것인지 그리고 언제 하는지, 언제 어떻게 바꿔야 하는지를 스스로 배워나가야 하는 것이다. 이제 경력자들은 자신이 현재 속한 조직보다 오래 일해야 하며 여러 직종과 다른 과업을 가질 준비를 해야만 한다. 한 조직에 속하거나 익숙한 직무역량이나 업무역량만으로는 길어진 노동시장에의 참여를 어렵게 만들 것이 분명하므로. 또한, 인공지능을 이길 수 있는 인간만의 감성을 강점으로 전환시키는 훈련이 경력에 있어서 주요한 역량교육이 될 것이 예측된다.

경력역량의 knowing-how 발휘하기: 시간의 분할과 통합, 우선순위에의 집중

시간만큼 모든 이에게 공평한 게 있을까. 시간은 빌릴 수도, 살 수도, 다른 사람보다 더 많이 가질 수도 없다. 영화 <인타임(2011)>에서는 모든 비용이 시간으로 계산되어 돈이 없어 시간이 0으로 멈추면 죽는 미래 세계를 그렸다. 시간을 벌기 위해 노동을 하는 사람들, 화폐처럼 시간을 사면 영원히 살 수 있는 그런 세상이 올 수도 있을까. 자신의 일에서 목표를 달성하는 사람들은 모두 시간 관리를 잘 하고 있다. 그들은 중요한 일에 대한 마감일을 스스로 설정해 두고 긴급한 일과 내키지 않아도 해야만 할 일 등으로 나누어 리스트를 작성하고 마감하려고 한다. 그러다 마감을 지키지 못 하게 되면 시간의 낭비가 일어난 것을 알게 되고 주의하고 시간을 관리, 통제하게 되는 것이다. 가장 희소한 자원 중에 하나인 시간을 관리하지 못하는 사람은 다른 아무것도 관리하지 못하게 된다고 해도 과언이 아닐 것이다. 자신의 시간을 분석하고 관리, 통제하는 자신의 일에서 무엇이 가장 중요한 것인지를 생각하게 하는 가장 쉬우면서도 체계적인 방법 중 하나이다.

시간 관리와 더불어 효과적으로 일하는 사람들은 중요한 것부터 먼저 하고 그리고 한 번에 한 가지 일만 수행한다. 즉, 중요한 일에 '집중' 하여 목표를 달성하는 것이 그들만의 비법이었다. 그러나 실제로

우선순위 결정이 어려운 것은 이성적으로 이의 분석이 어렵기 때문이기 보다는 '진정 의미 있는 것은 무엇인가?' 그리고 '먼저 해야 할 것은 무엇인가'라는 관점에서 때와 사건에 따라 스스로 의사 결정을 하는 용기, 즉 '집중'이 필요하기 때문이다. 우선순위를 결정하기 위해서는 과거의 안전한 기억이 아닌 불확실한 미래를 판단 기준으로 한 선택, 문제가 아닌 기회에 초점을 맞추기, 지금 현재 인기를 누리고 있는 일에만 편승하지 않고 자신만의 독자적인 경력 기회를 결정하고 선택하기, 무난하고 쉬운 목표보다는 확연한 차이를 만들어 낼 수 있는 목표를 세우는 용기가 필요하다.

경력역량의 knowing-whom 발휘하기: 커뮤니케이션, 경험의 공유이자 협업

커뮤니케이션만큼 복잡하고 어려운 과제가 있을까. 어떤 학문 분야에서도 '커뮤니케이션은 무엇이다'라는 확신이나 이론을 내리기 어려울 만큼 사람과 사람 사이의 가장 복잡한 이슈를 담은 주제가 바로 의사소통 혹은 커뮤니케이션 능력이다. 그만큼 중요하고도 복잡한 능력이 요구되며 누구도 단연코 자신할 수 없는 능력이 바로 커뮤니케이션 역량이다. 한 사람이 말을 잘 한다고 해도 듣는 이가 잘 받아들이지 않으면 성공한 커뮤니케이션이 될 수 없기에 커뮤니케이션 역량은 자신의 역량에 다른 이의 역량이 더해져야 하는 협업 역량을 필요로 한다. 때문에 커뮤니케이션 역량의 강화는 일(경력)의 세계에서 경력역량을 통합적으로 발휘하는 요인이라 볼 수 있다.

참고문헌

국수미 (2018). 나는 직장에서 디지털 노마드로 일한다. 경기: 라온북.

김시진, 김정원 (2010). 프로틴 경력태도, 무경계 경력태도 및 주관적 경력 성공의 관계분석. *대한경영학회지, 23*(4), 1899－1915.

오헌석 (2007). 역량중심 인적자원개발의 비판과 쟁점 분석. *경영교육연구, 47*, 191－213.

한국경제 (2018). 인재관리, 新권력이동의 시대... 기업이 풀어야 할 새로운 미션. http://news.hankyung.com/article/2018110177701 (2019.2.10. 검색)

한국고용정보원 (2018). 4차 산업혁명 미래 일자리 전망. KEIS.

Akkermans, J., Brenninkmeijer, V., Huibers, M., & Blonk, R. W. (2013). Competencies for the contemporary career: Development and preliminary validation of the career competencies questionnaire. *Journal of Career Development, 40*(3), 245－267.

Akkermans, J., & Tims, M. (2017). Crafting your career: How career competencies relate to career success via job crafting. *Applied Psychology, 66*(1), 168－195.

Arthur, M. B. (2014). The boundaryless career at 20: Where do we stand, and where can we go? *Career Development International, 19*(6), 627－640.

Arthur, M. B., Claman, P. H., & DeFillippi, R. J. (1995). Intelligent enterprise, intelligent careers. *The Academy of Management Executive, 9*(4), 7－20.

Blickle, G., Ferris, G. R., Munyon, T. P., Momm, T., Zettler, I., Schneider, P. B., & Buckley, M. R. (2011). A multi－source, multi−study investigation of job performance prediction by political skill. *Applied Psychology, 60*(3), 449−474.

Boyatzis, R. E. (2008). Competencies in the 21st century. *Journal of Management Development, 27*(1), 5−12.

Briscoe, J. P., Hall, D. T., & DeMuth, R, L. (2006). Protean and boundaryless careers: An empirical exploration. *Journal of Vocational Behavior, 69*, 30−47.

Brown, A., Bimrose, J., Barnes, S. A., & Hughes, D. (2012). The role of career adaptabilities for mid−career changers. *Journal of Vocational Behavior, 80*(3), 754−761.

Callanan, G. A., & Zimmerman, M. (2016). To be or not to be an entrepreneur: Applying a normative model to career decisions. *Journal of Career Development, 43*(5), 447−461.

DeFillippi, R. J., & Arthur, M. B. (1994). The boundaryless career: A competency-based perspective. *Journal of Organizational Behavior, 15*(4), 307−324.

Dries, N., Peepermans, R., & Carlier, O. (2008). Career success: Constructing a multidimensional model. *Journal of Vocational Behavior, 73*, 254−267.

Eby, L. T., Butts, M., & Lockwood, A. (2003). Predictors of success in the era of the boundaryless career. *Journal of Organizational Behavior, 24*(6), 689−708.

Felker, J., & Gianecchini, M. (2015). Influence of pre−graduation international experiences on early career internationalization: The mediation effect of career capital. *European Management Journal, 33*(1), 60−70.

Fugate, M., & Ashforth, B. E. (2003). Employability: The construct, its dimensions, and applications. *Academy of Management, 1*, 1−6.

Guan, Y., Arthur, M. B., Khapova, S. N., Hall, R. J., & Lord, R. G. (2018). Career boundarylessness and career success: A review, integration and guide to future research. *Journal of Vocational Behavior*. Retrieved from http://doi.org/10.1016/j.jvb.2018.05.013.

Gundula Englisch (2016). 잡노마드 사회(이미옥 역.). 서울: 문예출판사 (원저 2002년 출판).

Francis－Smythe, J., Haase, S., Thomas, E., & Steele, C. (2013). Development and validation of the career competencies indicator (CCI). *Journal of Career Assessment, 21*(2), 227－248.

Haase, S. (2007). *Applying career competencies in career management.* Unpublished doctoral dissertation, Coventry University, West Midlands, UK.

Hall, D. T. (2002). *Careers in and out of organizations*. Thousand Oaks, CA: Sage.

Hall, D. T. (2004). The protean career: A quarter－century journey. *Journal of Vocational Behavior, 65*(1), 1－13.

Hirschi, A. (2012). Callings and work engagement: Moderated mediation model of work meaningfulness, occupational identity, and occupational self－efficacy. *Journal of Counseling Psychology, 59*(3), 479－485.

Inkson, K., & Arthur, M. B. (2001). How to be a successful career capitalist. *Organizational Dynamics, 30*(1), 48－61.

Inkson, K., Gunz, H., Ganesh, S., & Roper, J. (2012). Boundaryless careers: Bringing back boundaries. *Organization Studies, 33*(3), 323－340.

Inkson, K., & King, Z. (2011). Contested terrain in careers: A psychological contract model. *Human Relations, 64*(1), 37－57.

Jones, C., & DeFillippi, R, J. (1996). Back to the future in film:

Combining industry and self−knowledge to meet the career challenges of the 21st century. *Academy of Management Executive, 10*(4), 89−103.

Khapova, S. N., & Arthur, M. B. (2011). Interdisciplinary approaches to contemporary career studies. *Human Relations, 64*(1), 3-17.

King, Z., Burke, S., & Pemberton, J. (2005). The 'bounded' career: An empirical study of human capital, career mobility and employment outcomes in a mediated labour market. *Human Relations, 58*(8), 981−1007.

Kong, H., Cheung, C., & Song, H. (2012). Determinants and outcome of career competencies: Perspectives of hotel managers in China. *International Journal of Hospitality Management, 31*(3), 712−719.

Kuijpers, M. A. C. T., Meijers, F., & Gundy, C. (2011). The relationship between learning environment and career competencies of students in vocational education. *Journal of Vocational Behavior, 78*, 21−30.

Latzke, M., Schneidhofer, T. M., Pernkopf, K., Rohr, C., & Mayrhofer, W. (2015). Relational career capital: Towards a sustainable perspective. In A. De Vos & B. Van der Heijden (Eds.), *Handbook of research on sustainable careers* (pp. 50−66). Northampton, MA: Edward Elgar Publishing.

London, M. (2014). *Career barriers: How people experience, overcome, and avoid failure*. New York, NY: Psychology.

Meijers, F., Kuijpers, M., & Gundy, C. (2013). The relationship between career competencies, career identity, motivation and quality of choice. *International Journal for Educational and Vocational Guidance, 13*(1), 47−66.

Mintzberg, H. (1985). The organization as political arena. *Journal of*

Management Studies, 22(2), 133–154.

Perrewe, P. L., & Nelson, D. L. (2004). Gender and career success: The facilitative role of political skill. *Organizational Dynamics, 33*(4), 366–378.

Rachmawardini, R. (2010). "New protean career contract": Paradigma baru pengembangan karir abad 21. *Jurnal Manajemen Maranatha, 4*(2), 68–79.

Rychen, D. S., & Salganik, L. H. (2003). *A holistic model of competence: In key competences for a successful life and a well-functioning society.* Cambridge, MA: Huber & Hogrefe.

Segers, J., & Inceoglu, I. (2012). Exploring supportive and developmental career management through business strategies and coaching. *Human Resource Management, 51*(1), 99–120.

Shaughnessy, B. A., Treadway, D. C., Breland, J. A., Williams, L. V., & Brouer, R. L. (2011). Influence and promotability: The importance of female political skill. *Journal of Managerial Psychology, 26*(7), 584–603.

Spencer, L., & Spencer, S. (2000). 핵심역량모델의 개발과 활용(민병모, 박동건, 박종모, 정재창 공역). 서울: PSI컨설팅 (원저 1993년 출판).

Stoof, A., Martens, R. L., Van Merrienboer, J. J., & Bastiaens, T. J. (2002). The boundary approach of competence: A constructivist aid for understanding and using the concept of competence. *Human Resource Development Review, 1*(3), 345–365.

Sullivan, S. E., & Arthur, M. B. (2006). The evolution of the boundaryless career concept: Examining physical and psychological mobility. *Journal of Vocational Behavior, 69*(1), 19–29.

Tams, S., & Arthur, M. B. (2010). New directions for boundaryless careers: Agency and interdependence in a changing world. *Journal of Organizational Behavior*, *31*, 629-646.

VandeWalle, D. (2003). A goal orientation model of feedback–seeking behavior. *Human Resource Management Review*, *13*(4), 581–604.

Volmer, J., & Spurk, D. (2011). Protean and boundaryless career attitudes: Relationships with subjective and objective career success. *Zeitschrift für ArbeitsmarktForschung*, *43*(3), 207–218.

Wolff, H. G., & Moser, K. (2009). Effects of networking on career success: A longitudinal study. *Journal of Applied Psychology*, *94*(1), 196–206.

Yamamoto, H. (2006). The relationship between employees' inter–organizational career orientation and their career strategies. *Career Development International*, *11*(3), 243–264.

CHAPTER

06

미래사회: 은퇴 후 어떤 삶을 살 것인가

CHAPTER

06

미래사회: 은퇴 후 어떤 삶을 살 것인가

이응목*

SUMMARY

은퇴란 조직을 떠나 사회인으로 돌아가는 삶의 중요한 전환기라 할 수 있다. 베이비부머들의 은퇴가 본격화되면서 은퇴에 대한 관심이 높아졌다. 이들이 은퇴를 앞두고 고민에 빠진 것은 은퇴준비가 제대로 되어 있지 않다는 것이다. 따라서 은퇴 후에도 경제활동을 계속해야 하는 상황에 놓이게 되었다. 우리나라는 유교적인 문화가 오랫동안 지배해왔다. 부모봉양과 자녀교육은 가장으로서 당연한 의무로 받아들였고 그들을 위해 최선을 다했을 뿐 자신의 노후를 돌아볼 겨를이 없었다. 사회적인 패러다임의 변화로 부모를 봉양하겠다는 자식은 점점 없어지고, 부모는 스스로 삶을 살아가야 한다는 것이 일반적인 정설이 되어버렸다. 이 장에서는 은퇴하는 이들에게 은퇴는 무엇이고, 어떤 마음으로 은퇴를 준비해야 하는지, 은퇴 후의 경력은 어떻게 관리해야 하는지를 거론할

* 공무원연금공단 은퇴설계 강사(lemok1@daum.net).

것이다. 은퇴준비는 재무, 건강, 세무, 일 등등 많은 부분이 필요하지만 가장 먼저 거론해야 할 부분이 마음의 준비다. 따라서 이 글이 은퇴자들이 은퇴를 위한 마음준비에 조금이나마 도움이 되기를 간절히 바란다.

KEY WORD

은퇴, 은퇴설계, 행복한 삶, 중년

01

들어가며: 은퇴에 대하여

은퇴란 사전적 의미는 직임에서 물러나 한가히 지냄(국립국어원, 2018)으로 정의되어 있다. 비슷한 의미로 퇴직은 직임에서 물러남으로 정의되어 있다. 퇴직한 후 재취업 의사가 있는지 여부가 퇴직과 은퇴를 구분하는 기준이 될 수 있다. 요즘 젊은 사람들을 중심으로 새로운 은퇴풍조로 파이어족[1]이란 개념이 등장하기 시작하였다. 따라서 앞으로 은퇴에 대한 개념들이 새롭게 규정되어야 할지도 모른다. 그렇지만 본 장에서는 정년퇴직을 앞둔 중년 예비 은퇴자들을 대상으로 하여 이야기를 전개하고자 한다.

은퇴는 자발적 은퇴와 비자발적 은퇴로 구분되어진다. 비자발적 은퇴는 자신의 의사와 상관없이 정년퇴직, 권고사직, 명예퇴직, 폐업, 가족부양, 건강악화 등 어쩔 수 없는 은퇴를 말하고, 자발적 은퇴는 은퇴계획에 따라 스스로 은퇴를 결정하고 은퇴하는 경우를 말한다. 통계청 자료에 의하면 중년남성(55－64세)들의 자발적 은퇴는 11.7% 정도로 파악되었다(통계청a, 2018). 이것은 본인의 생각과는 관계없이 퇴직할 수밖에 없으며, 퇴직 후 재취업의 의사가 있음에도 불구하고 재취업의 어려움으로 인해 은퇴로 이어지는 경우가 많음을 의미한다.

---

1 파이어(FIRE · Financial Independence, Retire Early)족은 경제적으로 자립해 조기에 은퇴한다는 것을 줄인 말로, 젊었을 때 극단적으로 절약한 후 노후자금을 빨리 모아 30대, 늦어도 40대에는, 퇴직하고자 하는 사람들을 의미한다(출처: 연합인포맥스(http://news.einfomax.co.kr)

▼〈표 1〉 가장 오래 근무한 일자리를 그만 둔 이유

퇴직사유	비율
정년퇴직	7.5%
권고사직, 명예퇴직, 정리해고	11.2%
사업부진, 조업중단, 휴·폐업	31.9%
가족을 돌보기 위해서	15.8%
건강이 좋지 않아서	19.5%
일을 그만둘 나이가 되어서	2.3%
경제적 여유가 있어서, 여가를 즐기기 위해서, 자영업을 하기 위해서	11.7%

은퇴준비에 대한 연구들은 대부분 은퇴 후 자산을 어떻게 운용해야 하며, 얼마의 자산이 있어야 은퇴 후 넉넉한 삶을 누릴 수 있다는 등 자산에 초점이 맞추어져 있다. 그러나 은퇴준비는 은퇴를 인식하고 마음의 준비를 하는 것으로 시작된다고 할 수 있다. 따라서 은퇴 전후를 비교하여 의도적으로 변화를 추구해야 하는 것이 무엇인지, 어떤 마음가짐으로 은퇴를 맞이해야 하는지를 논의해보고자 한다.

우리나라 중년 은퇴자들은 삼강오륜을 기본덕목으로 하는 유교적 전통을 보고 배웠던 세대이며, 직장에서는 전통적인 권위주의에 길들여진 상사와 젊고 패기에 찬 부하직원 사이에서 언제 뒤처질지 모른다는 긴장과 불안감 속에서 샌드위치 세대를 경험하였고, 지금은 자녀의 대학교육, 독립, 결혼 등의 가계지출로 경제적 부담이 가중되는 시기에 있는 사람들이다(조원경, 한정란, 2009). 이들은 부모부양과 자녀교육에 전념하면서 자신들을 위한 투자에 신경 쓸 겨를이 없었다. 청년실업의 증가와 젊은 층의 의식변화로 인하여 자녀들의 부양을 담보하지 못하게 되었으며, 스스로 은퇴 후의 삶을 살아가야 한다는 것을 인식하고, 자구책을 마련해야 하는 처지에 놓이게 되었다.

은퇴자에 대한 사회적 지원제도도 미흡하다고 볼 수 있다. 평균퇴직 연령은 53세 정도로 나타나고 있으며, 정년까지 다닌다고 하더라도 60세에 퇴직을 하게 된다. 공적 연금인 국민연금은 65세에 시작된다. 따라서 최소한 5년 이상은 연금에 의존하지 못하고 스스로 삶을 책임져야 하는 시기를 맞게 되어 있다. 2018년 6월 기준 국민연금 월평균 수령액은 501,767원이다(석희열, 2018.12.10.). 물론 직종에 따라 차이는 있지만 월 평균수령액이 최소 생계비에도 부족한 실정이다. 국민연금만으로 생활할 수는 없으며, 추가로 경제활동을 하거나 보유하고 있는 자산을 활용해야 은퇴 후 생활이 가능하다는 것을 알 수 있다.

Havighurst(1972)는 생애발달과업을 정의하면서 노인기의 발달과업으로 체력과 건강의 악화에 대한 적응, 은퇴 후의 경제적 여건에 대한 적응, 배우자의 병과 장애 및 사망에 대한 적응, 동년배 교류집단과의 관계에 대한 적응, 사회적 이슈와 시민으로서의 책임에 적응, 주어진 생활조건에 적응 등을 제시하였다. 여기에서 중요한 키워드는 적응이라고 할 수 있다. 노인기의 생애발달은 새로운 것에 대한 도전보다는 주어진 환경에 어떻게 적응하는가를 중요하게 보아야 한다는 것을 알 수 있다. 은퇴준비에 시사하는 바가 크다고 할 수 있다.

고령 은퇴자에 대한 사회적 통념은 작업능력이 떨어지기 때문에 빨리 조직에서 내보내는 것이 생산성 향상에 도움이 된다는 생각이 만연되어 있다. 따라서 직원을 선발하거나 줄일 때 중요한 기준이 되는 것이 나이이다. 직원선발에서 연령에 따른 차별을 법으로 금지하고 있지만 공무원, 공공기관 등을 제외하면 나이가 중요한 선발기준이 되는 것이 엄연한 현실이다. 근로자의 은퇴준비 등 은퇴 후의 삶에 대한 교육이나 훈련은 조직에서 자신들의 직무로 여기지 않으며, 국가에서도 별다른 제도적 지원을 마련하지 못하고 있다. 일부 공공기관과 공무원들은 은퇴설계 교육이 체계적으로 마련되어 있지만, 대부분의 민간 기업에서는 제도적으로 마련되어 있지 못하다. 따라서 대부분의 은퇴자들은 은퇴 후 사회적응에서 많은 시행착오를 겪게 되며, 은퇴 우울증 등 마음의 병을 앓게 된다.

은퇴준비가 은퇴 후 삶의 질에 영향을 미친다는 것은 많은 연구자들의 공통된 견해다. 따라서 일정한 나이가 되면 누구든지 제시된 순서에 따라 은퇴준비를 할 수 있는 제도적 장치가 필요하다. 정부 차원에서 은퇴준비 프로세스를 표준화하고 모든 국민들이 언제 어디서든지 받을 수 있는 체제마련이 시급하다. 또한 상담체계를 갖추어 사회적응에 어려움을 겪는 사람들에게 전문적인 상담지원도 필요하다. 은퇴는 누구나 맞이해야 하는 것이다. 따라서 특정 계층을 대상으로 하는 것이 아니라 모든 국민들을 대상으로 평생교육 차원에서 실시되는 것이 바람직해 보인다.

02

은퇴설계

은퇴설계란 은퇴 후의 삶을 스스로 선정하고 그런 삶을 이루기 위한 계획을 세우는 일이라 할 수 있다. 집을 짓기 전에 도면을 만들 듯이 은퇴 후를 미리 예상하고 은퇴 후 삶의 도면을 그려보는 것이다.

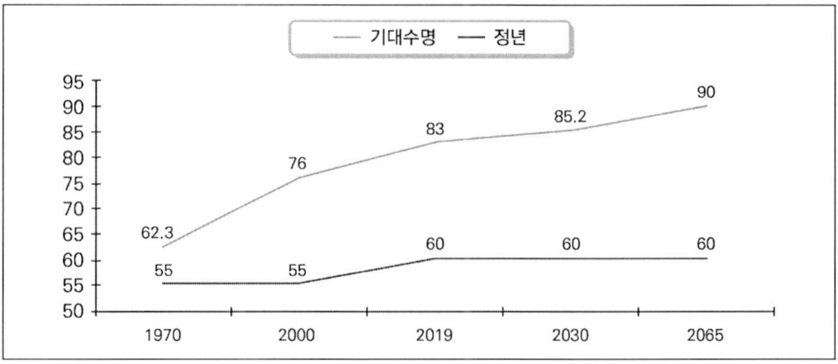

〈그림 1〉 기대수명 추이

은퇴설계의 필요성이 부각되는 이유를 다음 몇 가지로 요약해 볼 수 있다.

첫째, 평균수명이 길어졌기 때문이다. 우리나라 국민들의 평균수명은 1970년 62.3세, 2000년 76.0세, 2030년 85.2세, 2065년 90.0세를 예상하고 있다(통계청, 2018b). <그림 1>에서 보면 정년 후의 삶의 기간이 지속적으로 늘어남을 알 수 있다. 100세 시대에 살고 있다는 말은 이제 익숙하게 듣는 말이 되었다. 60세에 은퇴하여 100세까지 생존한다면 40년이란 시간이 남아있는 것이다. 우리 삶의 절반 가까이를 어떻게 준비하고 살아갈 것인가는 매우 중요한 일이다.

둘째, 은퇴 후의 삶이 지금과는 많이 달라진다는 점이다. 조직생활을 할 때에는 출근부터 퇴근까지 조직의 통제아래 구조화된 삶을 살아간다. 그러나 은퇴 후에는 사회인으로서 본인이 주체가 되어 삶을 구조화하고 의미 있는 삶을 만들어 가야 한다.

셋째, 부모사망, 자녀독립, 경제적 여유 등으로 자신주도의 삶이 가능하다는 점이다. 지금까지는 부모부양, 자녀양육, 사회적 책무 등 의무를 다하는 삶이었다면 은퇴 후 삶은 자신만을 위한 삶이 가능하다는 점이다.

은퇴설계 모형은 최재식(2017)이 제시한 퇴직설계 5단계를 적용하기로 한다. 퇴직설계 5단계는 위기감지, 비전정립, 자기개발, 장애물제거, 도전이다. 위기감지는 은퇴라는 것을 인식하는 것이다. 많은 은퇴자들이 갑작스런 은퇴로 당황하고 어려움을 호소하는 경우가 많다. 따라서 은퇴 10년 전부터 은퇴준비가 시작되는 것을 권하는 학자들이 많다. 비전정립은 은퇴 후의 삶을 상상하면서 행복한 삶의 목표를 설정하는 과정이다. 자기개발은 앞 단계에서 설정한 목표로 가기 위한 여건들을 만들고 계획을 수립하는 과정이다. 장애물제거는 비전을 달성하는데 장애가 되는 요소들을 미리 예상하고 해소시켜 나가는 과정이다. 도전은 비전을 달성하기 위하여 과감하게 실천하는 과정이라 할 수 있다. 과정별로 고려할 요소들은 다음과 같다.

1단계: 위기감지

은퇴를 생각하면 떠오르는 단어로는 허전함, 두려움, 외로움으로 요약될 수 있다. 익숙한 조직생활에서 벗어나 낯선 사회생활로 가야 한다는 것에 두려움을 느낀다. 또한 은퇴 후 어떻게 살아야 하는지, 어떻게 준비해야 하는지를 알고 싶은데, 누구에게 물어보아야 하는지 막막할 때 외로움을 느낀다. 지나온 삶을 돌아보니 아무것도 이루어놓은 것이 없다는 생각이 들면서 허전함을 느낀다.

은퇴준비는 경력중기에 서서히 시작하고 경력말기의 중요한 활동으로 정의하고 있다. 경력중기는 40－55세 정도이고, 경력말기는 55세－은퇴할 때까지이다. 60세에 은퇴한다고 가정하면 50세 정도에 시작하는 것이 바람직하며, 우리나라 일반기업들의 평균퇴직연령 53세를 기준으로 한다면 45세 정도에 은퇴준비를 시작하는 것이 바람직해 보인다. 비전을 정립하고 준비하는 시간이 필요하기 때문이다.

다음은 신문기사의 한 부분이다.

> 은행 거래는 어떻게 하는가? ① 은행찾기(통장과 도장을 지참하고 가까운 지점에 방문한다.) → ② 청구서 작성(입구에 설치된 번호표를 뽑고 기다리다 자신의 번호가 호명되면 해당 창구로 간다.) → ③ 창구에서 제시(해당 창구에 통장 · 청구서 · 번호표를 제시하고 요구사항을 전달한다.) → ④ 확인(통장을 돌려받고 정확하게 처리되었는지 확인하고 지점을 나온다.) 100여 쪽 분량의 이 소책자는 자산관리, 건강관리, 재취업 · 창업, 가볼 만한 여행지 등 은퇴 생활자를 위한 정보를 두루 담고 있습니다. 그 중에서 단연 눈에 띄는 것이 은행 이용법을 비롯한 생활 상식입니다. 교통카드 구입과 충전법, 지하철 타는 방법, 시내버스 이용 방법, 교통사고 대처 요령, 여권 발급 방법 등 '성인(成人)들을 위해 굳이 이런 내용이 필요할까' 싶은 깨알 같은 상식들이 빼곡히 실려 있습니다. 가령 지하철 타는 방법을 알려주는 페이지에는 '목적지로 가는 전동차를 확인하고 승강장과 전동차 사이에 발이 빠지지 않도록 주의해서 승차한다', '열차가 정차하기 전 승강장 안전 표시선을 넘어선 안 된다'고 적어 놓았습니다(최규민, 2014.04.14).

위 신문기사는 모 대기업 경력개발센터에서 발간한 퇴직 임직원을 위한 유익한 생활정보에 담겨진 내용을 일부 발췌한 것이다. 일반인들 대부분은 익숙하게 알고 있는 평범한 내용임에도 불구하고 대기업 임직원들은 모를 수 있는 것이다. 왜냐하면, 그들이 접해보지 않았기 때문이다.

우리는 누구나 자신이 경험하거나 배우지 못한 부분은 낯설고 잘하지 못하는 경우가 많다. 모르는 부분에 대해서는 묻고 배우려는 자세가 필요하다. 나이가 들었다는 것만으로 사회의 모든 것을 안다고 생각하기 쉽다. 그러나 절대로 그렇지 않다는 것을 인식해야 한다. 조직의 간부로 있었지만 은퇴하면 사회초년생이 된다는 것을 인식하고 마음을 열고 배워야 하는 것이다.

2단계: 비전정립

비전은 미래에 도달하고자 하는 지향점이라 할 수 있다. 은퇴 후에 어떤 삶을 살 것인가, 어떻게 살면 가장 행복한 삶이 될까를 생각하면서 자신의 삶이 지향하는 방향과 목표점을 정하는 것이다. 비전정립은 첫째, 행복에 대해서 알아보고 둘째, 행복한 미래 그리기로 나누어 생각해보고자 한다.

행복이란 목적이 아니라 과정이며, 행복은 명사가 아니라 동사다. 어떤 일을 하면서 느끼는 즐거움 속에서 행복은 스며들어 오는 것이다(강창균, 유영만, 2010). 사람을 행복하게 하는 것은 긍정적 정서(선하고 밝고 낙관적인 마음－감사, 존경, 희망, 용서, 배려 등), 몰입(의미 있고 가치로운 일에 흠뻑 빠짐), 긍정적 인간관계(친밀한 사람과의 교류－가족, 우정, 동료, 공동체, 연대감), 긍정적 존재감(자신을 쓸모 있는 존재로 여김－양보, 시민정신, 헌신, 희생, 공헌), 성취감(좋아하는 것에서 성과를 이룸)이다(Seligman, 2015).

✔ 행복을 느끼는 객관적인 기준이 있을까?

행복이란 외부적인 요소들, 즉 부자인지 가난한지, 이혼했는지 아닌지, 건강한지 아픈지 또는 외모가 좋은지 아닌지 하는 조건 그 자체가 행복감을 결정하는 게 아니라, 그 조건을 주관적으로 어떻게 느끼는지가 행복을 결정한다(Diner, 2008).

행복은 외부적인 요소들, 즉 부, 명성, 화려한 경력 등으로 결정되거나 타인에 의해 느껴지는 것이 아니라 본인 스스로 어떻게 느끼는지가 중요하다는 것을 의미한다. 따라서 어떤 환경에 처해있던 행복감을 느낄 수 있는 것이다.

행복한 미래 그리기는 첫째, 행복요소 도출하기 – 어떻게 살면 행복할까를 자신에게 물어보는 것으로 시작한다. 다음의 질문을 참고하면 도움이 될 것이다.

✔ 스스로 질문하여 내면 탐구해보기(최재식, 2017)

- 나는 누구인가?
- 나를 행복하게 하는 것은 무엇인가?
- 내가 죽기 전에 해보고 싶은 것은 무엇인가?
- 내가 좋아하는 일은 무엇인가?
- 나는 어디에 재능이 있는가?

이와 관련하여 은퇴 후에 사용할 명함을 만들어보는 것도 좋은 방법이다. 은퇴 후에 어떤 사람으로 소개되기를 원하는지를 파악하면 자신이 바라는 부분을 유추할 수 있기 때문이다.

둘째, 행복한 삶 그리기 – 백지 위에 행복한 삶을 그린다. 그림을 그리던 글씨를 쓰던 형식에 상관없이 삶의 행복한 요소들을 도출해낸다.

✔ 행복한 삶 그리기 단계에서 주의할 점

자원(시간, 돈)은 무한정 있는 것으로 가정하고 그려보기 바란다. 여러 가지 조건들을 고려하면 다양한 제약조건으로 인하여 행복한 삶을 도출하기 어렵다. 실현가능성은 낮지만 행복감을 더해주는 요소가 있다면 장기 프로젝트로 남겨둘 수도 있다. 예를 들면, 나는 30억 정도 있으면 행복한 삶을 살 수 있다고 생각하였다면 실현가능성은 낮지만 30억을 목표로 행복한 삶을 그리는 것이다. 실현가능성보다는 행복감을 느끼는 것이 중요하다.

셋째, 비전확정 – 행복한 삶 완성하기 단계로 진행한다.

✔ 비전확정 단계에서 실천한 일들

- 은퇴 후의 삶을 상상하면서 행복 정도를 확인한다.
- 친필서명을 한다.

친필서명을 한다는 것은 자신과의 약속을 하는 것이다. 나는 은퇴 후에 이런 삶을 살 것이며, 그렇게 하기 위한 노력을 시작할 것을 자신에게 선포하는 의미를 담고 있다.

- 친필서명을 한 후에는 주위 사람들에게 알리는 것이다.

주위 사람들에게 알린다는 것은 하지 않으면 안 된다는 것을 자신에게 부과하는 의미를 담고 있다. 서재, 화장실 등 매일 들락거리며 볼 수 있는 곳에 붙여두고 반복하여 보면서 리마인드 하는 것이 중요하다. 우리의 마음은 의식적이든 무의식적이든 지속적으로 목표로 설정한 지향점으로 가기 위한 방법을 찾고 있기 때문이다.

관심 갖고 시간 날 때마다 읽어보면서 마음을 일깨우는 노력이 필요하다.

3단계: 자기개발

자기개발은 나의 참모습 알아가기 단계와 앞날 준비하기 단계로 나눌 수 있다.

나의 참모습 알아가기 단계는 나는 어떤 사람인가에 대한 답을 찾는 과정이다. 우리는 남은 잘 파악하면서도 자신은 잘 파악하지 못한다.

✔ 자기를 알아가는 체크 포인트

- 나의 강점/약점
- 해보고 싶은 것
- 잘할 수 있는 것
- 운명적인 것
- 내가 보는 나의 모습, 남이 보는 나의 모습
- 남들에게 보여지고 싶은 모습

내가 보는 나의 모습보다는 남이 보는 나의 모습도 유심히 볼 필요가 있다. 본인의 뜻과 무관하게 많은 사람들이 그렇게 본다면 그곳에 자기의 숨은 역량이 있을 수 있다.

앞날 준비하기에서는 은퇴 후에도 경제활동을 계속해야 하는 경우, 경제활동보다는 일이 필요한 경우, 일보다는 여유를 즐기고 싶은 경우 등 세 가지 유형으로 나눠볼 수 있다.

첫째, 경제활동을 계속해야 하는 경우는 자신의 강점을 살릴 수 있는 분야를 선정해야 하며, 은퇴 전에 해당 분야에 필요한 자격증을 취득하고 관련되는 교육이나 훈련을 수료하는 등의 준비가 필요하다. 평범한 경력보다는 전문성을 활용할 수 있는 특화된 경력이 필요하며, 공개모집보다는 인적 네트워크를 활용하는 것이 재취업에 유효하며, 눈높이를 현저하게 낮추어야 하는 경우가 많다. 연구결과에 따르면 퇴직 후 1년이 재취업 골든타임이라고 한다. 퇴직한 지 일년이 지나면 재취업률이 현저히 떨어진다는 것을 의미한다. 따라서 재취업 준비를 철저히 한 후 퇴직해야 하며, 이는 바로 취업으로 이어질 수 있을 것이다.

둘째, 경제활동보다 일이 필요한 경우는 봉사활동이나 재능기부를 할 수 있는 곳을 찾아보는 것이 좋으며, 지역사회의 특성을 반영한 문화해설사, 자문위원 등으로 활동하는 것도 매우 보람된 일일 수 있다. 또한 해외 봉사활동에 관심이 있다면 KOICA(한국국제협력단)에 문의하여 봉사활동을 할 수 있는 곳을 찾는 것도 좋은 방법이다. 해외봉사활동을 하는 경우는 어학, 전문성 등을 미리 파악하여 자격증을 취득하거나 훈련을 받는 등 준비 작업이 필요할 수도 있다. 지방자치단체 홈페이지에 접속해보면 봉사활동이나 재능기부가 필요한 곳을 소개하거나 풀(pool)로 관리하는 곳도 많으므로 거주하고 있는 지자체 홈페이지를 검색해 볼 것을 추천하고 싶다.

셋째, 일보다는 여유를 즐기고 싶은 경우는 하루 일과를 구조화할 수 있는 계획표를 만들 것을 제안하고 싶다. 조직생활을 할 때는 조직의 통제아래 구조화된 삶을 살게 된다. 그러나 은퇴 후에는 누구의 통제도 없기 때문에 스스로 삶을 구조화할 필요가 있다. 아무런 계획없이 일어나고 싶을 때 일어나고 먹고 싶을 때 먹고 별다른 일없이 무료하게 시간을 보낸다면 건강에 적신호가 켜지고 심리적으로도 우울증 등 부작용이 나타날 수 있다. 행복감을 높여주는 활동으로 종교, 봉사, 학습 등을 추천하고 싶다. 무료하게 시간을 보내기보다는 자신의 삶에 행복감을 높여주고 나아가 지역사회에 보탬이 되는 활동들에 적극적으로 참여하는 것이 좋다. 지자체별로 다양한 과정의 평생학습 프로그램을 운영하고 있다. 관심 있는 분야를 찾아 참여한다면 많은 사람들을 만나게 되고, 소통이 활성화되면서 삶의 활기를 찾을 수 있을 것이다.

모든 스트레스는 나쁜 것인가?

어떤 사람들은 스트레스가 전혀 없는 삶을 원한다. 그러나 스트레스에서 완전히 자유로워진다면, 거기에는 새로운 도전도 없고, 어려움을 극복하려는 의지도 없어질 것이다. 그리고 궁극적으로 무기력하고 따분한 삶이 될 것이고 성취와 성공의 스릴도 없어질 것이다(Koenig, 2012). 지나친 스트레스도 문제지만, 너무 스트레스가 없는 것도 문제가 될 수 있다. 적절한 스트레스는 동기를 부여하고 삶을 더 다이내믹하게 만들 수 있기 때문이다.

앞날 준비하기에서 거론한 내용들을 요약하면 <표 2>와 같다.

▼〈표 2〉 앞날 준비하기 유형별 요약

1. 경제활동을 지속적으로 이어가야 하는 경우

- 자신의 강점을 살릴 수 있는 분야 선정
  - 주특기, 관심있는 것, 하고 싶은 것
- 퇴직 전 특화된 분야를 준비해야 함
  - 자격, 훈련, 체험
  - 화려한 경력보다는 전문성이 중요함
- 일반경험으로는 취업이 어려움
- 인적네트워크를 최대한 활용해야 함
- 눈높이를 확 낮추어야 함

2. 경제활동보다는 일이 필요한 경우

- 봉사활동
- 재능기부
- 지역사회 활동

3. 일보다는 여유를 즐기고 싶은 경우

- 하루 일과표가 필요함(구조화 된 삶)
- 행복감을 높여주는 활동 (종교, 기부, 봉사)
- 삶의 철학, 자신만의 규범이 필요함
- 평생학습시대(학습의 즐거움)
- 적당한 스트레스가 필요함

4단계: 장애물제거

은퇴 후의 삶에서 행복감을 떨어뜨리는 요소들을 찾고, 미리 대비함으로써 그들의 영향을 최소화시켜보자는 것이 목적이다. 장애물제거로는 되돌아보기, 자신 내려놓기, 건강 체크하기 등을 논의해보고자 한다.

첫째, 되돌아보기는 지나온 삶을 되돌아보고 훼손된 관계를 복원하는 작업이다. 어떤 이유로 그렇게 됐던 그것은 중요한 것이 아니다. 관계가 단절되어 소통이 막힌 가족, 친척, 지인이 없는가를 찾아보고 만약 그런 경우가 있다면 복원하는 방법을 찾아보라는 것이다. 가슴에 맺힌 응어리가 있다면 풀 수 있는 방법을 찾아보아야 한다. 가족, 친척, 지인은 은퇴 후 삶에서 행복을 공유해야 할 사람들이다. 이들과 관계를 정상적으로 복원한 후에 은퇴를 맞이하여야 행복한 삶을 누릴 수 있을 것이다.

✔ 되돌아보기에서 주의할 점

- 시시비비를 따져서는 안 되며, 관계회복이 당면 과제임을 기억해야 한다.
- 가해자든 피해자든 용서하는 마음이 들어야 한다.
- 내가 하는 것이지, 상대에게 요구해서는 안 된다.

둘째, 자신 내려놓기이다. 특히 화려한 경력을 갖고 있거나 스스로 성공했다고 생각하는 사람들에게 필요하다. 은퇴 전 자신의 화려했던 시절의 생각에 사로잡혀 은퇴 후에도 그런 대접을 받고 싶어 한다. 과거는 과거일 뿐이고 추억은 추억일 뿐이다. 빨리 현실을 인식하고 은퇴 초년생의 자세로 돌아와야 한다. 은퇴 후에 후배들을 만날 때 과거 현직에서 상사로서 예우를 기대했는데, 그런 대우를 받지 못했을 때 섭섭

함을 토로하는 사람들이 많다. 은퇴 후에는 은퇴 전의 화려했던 경력에 대해서 알아주지 않더라도 섭섭한 마음이 들어서는 안 된다. 은퇴 후에는 과거의 경력과는 단절하고 새로운 경력을 쌓아가야 한다. 지금까지 사람을 부리기만 했을 뿐 부림을 당하지 않았던 사람들이 은퇴할 경우에는 의식적으로 자신 내려놓기가 필요하다.

✔ 자신 내려놓기에서 주의할 점

- 현직에서 사용하던 명함을 사용하지 말 것
- 화려했던 시절의 사진을 배경화면으로 사용하지 말 것
- 상대가 묻지도 않는데 현직 때의 일화를 즐겨 이야기하지 말 것
- 현직 때의 직함을 은퇴 후에도 계속 사용하지 말 것

이상은 과거에 집착할 때 나타나는 현상들이라 할 수 있다. 은퇴 후에는 현실을 직시하고 과거는 추억으로 묻어둘 수 있어야 한다. 혹시 은퇴 후에 자서전을 쓸 경우는 필요하니 자료를 폐기하지 말고 보존하는 것은 필요하다.

셋째, 건강 체크하기이다. 건강이 나빠지면 행복한 삶을 살 수가 없다. 자신은 건강하다고 생각하는 은퇴자들이 많다. 그러나 나이가 듦에 따라 성인병 한두 가지는 갖고 사는 것이 현실이다. 은퇴 후에 가장 먼저 해야 할 일은 정밀건강검진을 받는 것이다. 건강검진을 통하여 자신의 건강상태를 정확히 아는 것이 필요하다. 자신의 건강상태를 정확히 알았다면 더 이상 악화되지 않도록 방법을 강구하는 것이 최우선이다. 젊었을 때로 돌아갈 수는 없지만 더 이상 악화되지 않고 현 상태를 유지할 수 있도록 대책을 세우는 것이다. 또한 건강상태에 맞추어 자신의 삶을 설계해야 한다. 자신의 건강상태를 고려하지 않고 과격한 운동

을 하다가 건강을 악화시키는 경우가 많다. 한번 건강이 악화되면 회복이 어려울 뿐만 아니라 회복한다고 하더라도 시간이 많이 걸린다. 은퇴 후의 의료비 지출이 은퇴 후 삶에 직접적인 영향을 미치게 된다. 은퇴 후에 건강을 유지하는 것이 가장 큰 자산이라는 것을 인식해야 한다.

✔ 건강 체크하기에서 주의할 점

- 정밀 건강검진을 받아볼 것
- 건강 상태에 맞는 식단과 운동을 할 것
- 자신의 건강을 과신하지 말 것
- 가족력 등 유전적인 요인, 환경적인 요인도 고려할 것

5단계: 도전

도전단계는 은퇴 후의 삶을 본격적으로 준비하는 단계이다. 이 단계에서 이야기할 주제는 자식 독립시키기, 친구 같은 부부 만들기, 의지할 대상 만들기, 함께 할 친구 만들기, 행복한 삶 실현하기, 자생력 키우기, 소일거리 만들기, 나를 위한 투자 늘리기 등이다.

첫째, 자식 독립시키기이다. 다음은 부모 생활비 제공에 대한 통계청 자료이다(통계청, 2018c).

<그림 2>에서 보면 자녀가 부모 생활비를 제공해야 한다고 응답한 비율이 2008년 52.9%, 2014년 50.2%, 2018년 44.4%로 점점 떨어지고 있다. 이 통계는 부모는 스스로 생활비를 조달해서 살아야 한다는 것을 의미한다. 우리사회는 통념상 자식이 결혼하여 독립하기까지는 부모의 의무로 생각하는 경향이 많다. 더 나아가 결혼 후에도 경제적으로 독립하지 못하고 부모에게 의존하여 생활하는 경우가 많아지는 추세다. 청년실업이 늘어나고 비정규직이 많아지면서 생기는 현상으로 부모의 재정적 부담이 가중되고 있다. 좋은 부모는 자식의 도움 없이

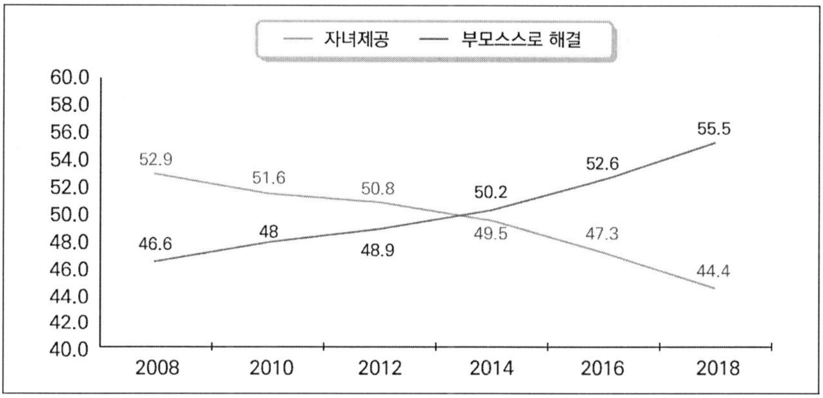

〈그림 2〉 부모 생활비 주제공자

살아갈 수 있어야 한다는 말이 일상화 된 느낌이다. 또한 자식에게 부양을 기대하는 부모도 점차 줄고 있는 실정이다. 따라서 은퇴를 앞둔 부모의 입장에서 은퇴 후 본인들의 생활자금을 떼어놓고 자식들을 지원해야 한다는 것이다. 자식들에게 모든 자산을 지원하게 되면 은퇴 후의 삶을 보장받을 수 없게 되는 것은 자명한 사실이다. 당장은 자식에게 경제적 지원을 해주지 못해 마음이 아플지 모르지만 나중을 생각한다면 분명하게 기준을 정하고 자신들이 살 방법을 자식지원에 앞서서 마련하는 것이 현명한 판단이 될 것이다.

둘째, 친구 같은 부부 만들기이다. 배우자 상실이 스트레스 강도에서 첫 번째로 꼽힌다. 경제활동을 할 때에는 부부의 역할이 나름대로 정립되어 있었다. 자녀가 독립하고 은퇴 후에는 부부의 새로운 역할 정립이 필요하다. 가사 분담도 필요하다. 은퇴 후의 역할정립이 안되어 갈등이 일어나고, 그로 인해 황혼이혼, 졸혼, 연금분할 등 은퇴 후 삶에 부정적인 영향을 미치는 일들이 발생하게 된다. 따라서 은퇴를 앞두고 은퇴준비를 할 때에도 부부가 같이 하는 것이 중요하다. 부부가 원만한 관계를 유지하기 위해서는 애정도 필요하지만 우정도 필요하다. 특히 은퇴한 부부는 친구 같고 동지 같은 우정을 강조하기도 한다. 원만한 부부관계를 유지하기 위해서는 서로가 공감하는 영역을 넓혀나가는 것이 중요하다. 하루에 한 시간 이상 대화할 수 있는 대화거리가 필요하다. 취미 활동도 같이 할 수 있다면 금상첨화다. 효자보다 악처가 낫다는 말이 있다. 나이가 듦에 따라 배우자의 중요성은 더욱 부각된다고 할 수 있다.

✔ 친구 같은 부부가 되는 7가지 방법(인터넷 검색)

- 아낌없이 칭찬해라
- 남과 비교하지 마라
- 적극적인 애정표현을 하라
- 둘만의 대화를 가져라
- 재산은 공동명의로 하라
- 생일 등 기념일을 챙겨라
- 서로를 인정하라

은퇴 후 친구 같은 부부가 되기 위해서는 가사를 분담하고, 공유할 수 있는 영역을 만들어 하루 한 시간 이상 대화를 하며, 취미활동도 같이 할 것을 권하고 싶다.

셋째, 의지할 대상 만들기이다. 중년은 죽음을 인식하는 시기이다. 부모님을 비롯하여 주변의 지인들이 하나둘씩 세상을 떠나는 것을 보면서 자신에게도 죽음이 다가옴을 느끼는 시기이다. 종교 활동이 은퇴생활에 많은 행복감을 갖다 준다는 연구보고가 많다. 따라서 자신의 환경과 인생관에 적합한 종교를 선택하여 활동하는 것도 좋은 방법이다.

꼭 종교가 아니라고 하더라도 어려울 때 에너지를 얻을 수 있고, 마음의 위안을 얻을 수 있는 대상이 필요하다.

중년의 위기

- 살아온 삶에 대한 성찰과 향후 삶에 대한 재설계가 필요하다
- 체득한 지식과 경험을 통하여 전문가의 수준에 도달한다
- 새로운 도전보다는 달성한 수준의 유지에 관심을 가진다
- 균형과 통합으로 내적 조화를 이루는 시기라 할 수 있다

넷째, 함께 할 친구 만들기이다. 명심보감에 "술 마시고 밥 먹는 친구는 많지만, 급할 때 찾을 수 있는 친구는 드물다(酒食兄弟千個有 急難之朋一個無)."라는 말이 있다. 은퇴를 하게 되면 휴대폰에 저장된 전화번호의 80%는 연락이 끊어질 것이다. 일로 만난 사람들은 은퇴를 기준으로 관계가 끊어질 가능성이 높다. 은퇴 후에는 많은 사람들과 소통이 끊어지면서 외로움을 느끼게 된다. 은퇴 후에 희로애락을 같이 할 사람 중 하나가 친구다. 친구는 마음을 터 놓고 고민을 이야기하고 조언해 줄 수 있는 사람이다. 따라서 친구는 은퇴 후 행복한 삶에 중요한 요소가 된다. 마음을 터놓고 이야기 할 수 있는 친구를 만들어가는 것이 은퇴준비의 큰 항목이다. 지금까지 만난 사람들 중에서 은퇴 후를 같이 할 만한 사람들을 찾아보자. 그리고 그들과 만남을 늘리면서 그들과 소통이 은퇴 후 삶에 행복을 가져다줄지를 확인해보자. 만남이 부담도 되지 않아야 하고, 뭔가 나에게 도움이 되어야 하며, 내 모든 것을 준다고 해도 아깝지 않아야 하며, 그와 더불어 있는 것 자체가 행복해야 한다. 많은 친구들이 필요한 것이 아니라 한두 명이라도 정말 나를 알아주고 이해해주는 친구가 필요하다.

다섯째, 행복한 삶 실천하기이다. 비전정립단계에서 만들어진 삶

의 목표에 도달하기 위해 오늘도 무언가를 준비해야 한다. 지금은 어렵고 고달프지만 은퇴 후의 행복한 삶을 상상하면서 오늘도 꿈에 부푼 하루가 되어야 한다. 오늘도 나의 이력서를 채울 경력을 만들어 간다고 생각해야 한다. 은퇴 후 경력관리는 자신이 해야 한다. 매년 연말이 되면 이력서를 작성해보기 바란다. 올해 작성한 이력서가 작년에 작성한 이력서와 동일하다면 일년 동안 은퇴준비가 미흡했다는 것을 인식하고 계획을 점검해야 한다. 도달해야 할 목표점이 있고, 가야 하는 길을 안다면, 열심히 즐거운 마음으로 나아가는 것이다. 도중에 많은 장애물을 만날 수는 있지만 그 때마다 대안을 찾으면서 조금씩 전진하다 보면 언젠가 목표점과 비슷한 지점에 도달할 수 있을 것이다.

여섯째, 자생력 키우기이다. 은퇴 후에는 가사를 분담하는 것이 당면과제다. 바깥일을 전담하면서 가사를 전혀 담당하지 않다가 은퇴한 경우는 특히 그렇다. 중년 남성들의 경우는 요리를 배워서 하루 세끼 배우자에게 의존하던 것을 한두 끼는 스스로 해결할 수 있어야 한다. 배우자가 없어도 살아갈 수 있는 역량을 갖춰야 한다. 요즘 지자체에서 은퇴자들을 대상으로 요리교실을 개설하는 사례를 자주 볼 수 있다. 요리 전문가가 되라는 것이 아니라 스스로 끼니를 해결할 수 있을 정도를 갖추는 것을 말한다. 가사도 중요한 부분이다. 세탁하는 방법이나 분리수거하는 방법도 배워야 하며, 냉장고 등 가전제품 작동법도 배워야 한다. 배우자가 없어도 의식주가 해결될 수 있어야 한다.

일곱째, 소일거리 만들기이다. 은퇴 후에도 일은 필요하다. 일은 건강을 유지하는 데도 도움이 된다. 일도 크게 나누면 주업과 부업으로 나눌 수 있다. 주업이란 은퇴 후에 일상적으로 하는 일을 말한다. 매일 해도 싫증이 나지 않고 즐거움을 더할 수 있는 일이어야 한다. 부업은 매일 하지는 않지만 가끔씩 에너지를 충전시킬 수 있는 일이다. 우리는 매일 김치와 된장을 먹는다. 매일 먹어도 싫증이 나지 않는다. 그렇지만 가끔씩은 고기를 먹기도 한다. 매일 고기로만 먹을 수는 없겠지만 가끔씩 별식으로 먹는 것은 먹는 기쁨을 더하기도 한다. 주업과 부업의 관계도 김치, 된장과 고기와 같은 관계로 볼 수 있다. 이러한 일들로 몰입할 수 있다면 은퇴 후의 삶이 행복할 것이다.

몰입이란 직장이나 연구실에서 일을 하거나, 한가한 시간에 취미생활을 할 때 시간 감각도 잃어버리고, 식사와 취침도 잊어가면서 긴장과 흥분으로 온통 일에 흡수되는 심리적 집중 상태를 말한다(Csikszentmihalyi, 2008). 은퇴 후 하는 일들에 몰입할 수 있어야 하며, 또한 이러한 일들이 지역사회에 도움이 되는 일이면 더욱 좋으며, 자신의 경제활동과도 연결된다면 더더욱 좋을 것이다. 가장 중요하게 보아야 할 부분은 일에 몰입하면서 행복감을 느끼는 것이라 할 수 있다.

여덟 번째, 나를 위한 투자 늘리기이다. 나를 위한 투자도 몇 가지로 나눠 생각해볼 수 있다. 첫째로 건강유지를 위한 투자다. 건강검진, 체력단련, 건강보조식품 구입 등을 늘리는 것이다. 둘째로 역량향상을 위한 투자다. 재취업이나 추진하는 일을 위하여 자격증취득이나 교육 및 훈련이 필요할 수 있다. 셋째로 자아실현을 위한 투자다. 취미활동이나 사회적 교류 등을 위해서도 투자가 필요하다. 지금까지는 조직, 가족들의 삶에 초점이 맞추어져왔다면 은퇴를 앞두고 의식적으로 자신의 삶에 초점을 맞추어 은퇴준비를 위한 투자를 늘리는 것이 필요하다. 수입의 10% 정도는 자신을 위해 투자하기를 권한다.

아홉 번째 전문가의 도움 받기이다. 은퇴준비에는 마음준비도 있지만 건강, 재무설계, 일찾기, 스트레스관리, 여가관리, 법무상담 등 다양한 분야에서 결정해야 할 일들이 많다. 이런 부분들은 각 분야 전문가들의 도움이 필요하다. 금융기관 부설 은퇴설계연구소들이 많으며, 이들 기관에서 무료로 상담을 해주는 곳들도 있다. 또한 생애설계 프로그램들을 운영하는 곳도 있다. 이런 기관들을 활용하여 전문가들의 도움을 받는 것이 좋다. 또한 지자체나 대학에서 운영 중인 제3기 인생대학이나 생애설계 프로그램에 참여하여 정보를 얻는 것도 좋은 방법이다.

03

은퇴 후 경력관리

경력이란 일생에 걸쳐 지속되는 개인의 일과 관련된 경험이다. 일과 관련된 경험은 광범위하게 적용되는 의미로서 직위, 직무와 관련된 의무나 활동, 일과 관련된 결정과 같은 객관적인 사건이나 상황을 포함하며, 또한 일에 대한 열망, 기대, 가치, 니즈와 같이 일과 관련된 사건의 주관적인 해석도 포함한다(Greenhaus, Callanan, & Godshalk, 2010). 경력개발은 조직에서 구성원을 발전시켜서 최적 활용의 결과를 야기하도록 하는 일련의 계획적 활동으로 조직과 구성원이 상호 협력하여 경력을 구성하는 구조적인 활동 또는 조직화된 과정이라 할 수 있다.

우리가 조직에 소속되어 있을 때에는 조직의 목표달성을 위하여 구성원들이 어떤 역량을 발휘해야 하며, 역량발휘를 위해서는 어떤 요건을 갖추어야 하는지, 그러한 요건을 갖추기 위하여 어떤 교육과 훈련이 필요한지를 파악하면서 경력관리가 이루어진다고 볼 수 있다. 그러나 은퇴 후에는 개인의 삶의 목표를 이루기 위하여 어떤 역량이 필요한지를 파악하고, 그런 역량을 갖추기 위하여 무슨 교육과 훈련을 받아야 하는지는 누구의 통제도 없이 자신 스스로 해야 한다는 것이 다른 점이다. 은퇴 후 행복한 삶을 영위하기 위해 필요한 요건들을 파악하고 만들어가는 것이 은퇴 후 경력관리의 핵심이라 할 수 있다.

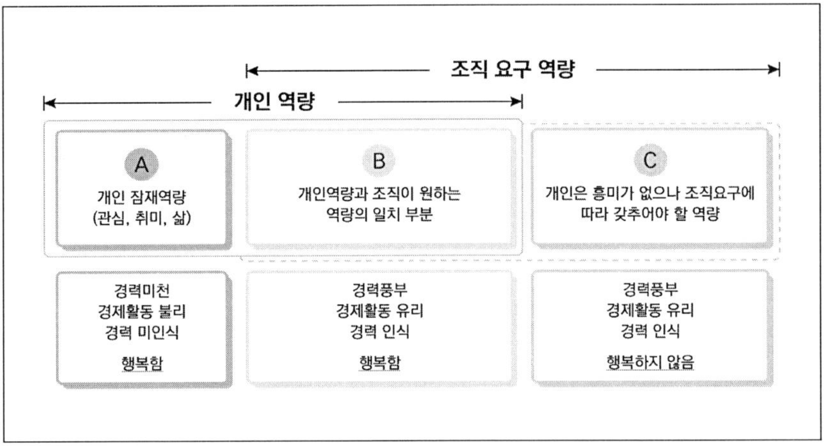

〈그림 3〉 개인과 조직이 바라는 역량

은퇴자의 입장에서 자신의 경력을 되돌아본다면 <그림 3>과 같이 개인의 역량과 조직에서 요구하는 역량을 서로 비교하면 크게 세 가지 유형으로 분류할 수 있다. A영역은 개인은 관심도 있고 하고 싶은 부분이지만 조직에서 요구하지 않는 역량이다. 개인이 좋아서 스스로 투자하여 수행하는 일로서 취미활동, 동호회활동 등이 여기에 속한다. B영역은 조직에서도 요구하고 개인도 하고 싶고 관심 가는 부분으로 조직의 성과와 자신의 행복감을 동시에 추구할 수 있는 부분이다. C영역은 조직에서는 꼭 필요한 역량이지만 개인은 별로 관심가지 않는 부분이다. 조직의 요구로 수행하기 때문에 개인의 행복감은 떨어지지만 숙련된 경력을 보유하고 있다는 점에서 재취업 등에는 유효하게 활용할 수 있다.

은퇴 후 재취업을 원한다면 B유형에 재취업을 하는 것이 좋고 여의치 않을 경우에는 C영역의 일도 찾아보는 것이 유리할 것이다. 경제활동보다는 일이 필요한 경우는 B영역의 일을 선택하거나 A영역의 일을 선택하는 것이 바람직하다. 은퇴 후에 행복감을 더해주는 일을 찾을 때는 A영역을 주의 깊게 살펴볼 필요가 있다. A영역은 관심이 있으면서 꼭 해보고 싶은 부분이었지만 사정이 여의치 않아 실행하지 못한 부분으로 마음에 남아 있는 부분일 수 있는데, 은퇴 후에는 충분히 관심을 갖고 추진해 볼 수 있기 때문이다.

은퇴 후의 경력생성과정은 <그림 4>와 같이 도식화 할 수 있다.

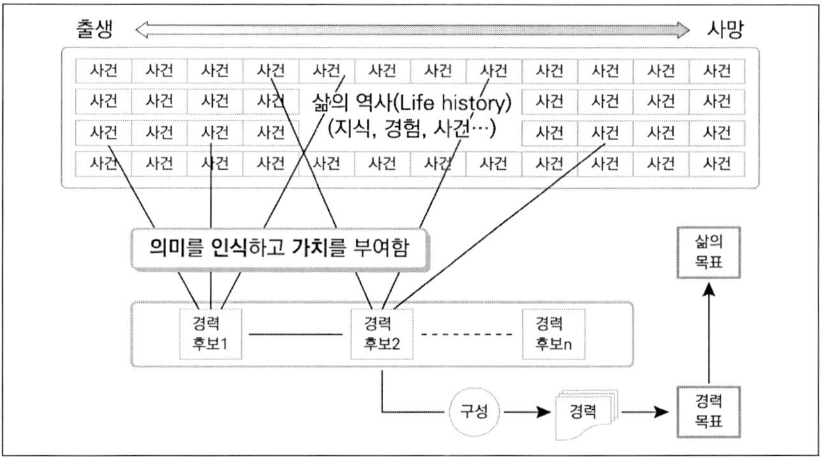

〈그림 4〉 은퇴 후 경력생성 과정

은퇴 후 경력관리는 개인의 설정된 삶의 목표를 중심으로 경력목표를 설정하고, 경력목표를 달성하기 위한 활동을 개인주도하에 만들어가는 것이다. 경력의 가치는 삶의 목표가 변하거나 시간이 경과함에 따라 얼마든지 변할 수 있다. 또한 경력의 범주가 일, 취미활동, 학습, 체험 등으로 다양하다는 것이다. 사소한 체험이라도 의식하고 경력후보로 기록하는 습관이 필요하다.

은퇴 후 경력관리는 은퇴자 개인에게 맡겨져 있다. 경력관리를 체계적으로 관리할 수 있는 시스템이 범국가 차원에서 갖추어지는 것이 바람직하다. 그러나 아직까지 경력관리 시스템이 별도로 갖추어져 있지는 않다. 다만 경력관리시스템으로 개발한 것은 아니지만 어느 정도 활용할 수 있는 시스템이 있어 소개하고자 한다.

국가평생교육진흥원에서 개발하여 운영 중인 평생학습계좌제이다. 평생학습계좌제는 개인별로 학력, 경력, 자격증, 학습이력, 기타 활동사항 등을 관리할 수 있게 되어 있으며, 평생학습이력을 출력할 수도 있다.

이 시스템을 활용하여 자신의 활동사항을 등록하게 되면 체계적으로 관리할 수 있으며, 선별해서 출력도 가능하며, 데이터의 보관 및 관리도 용이하게 할 수 있다. 다음 ＜표 3＞은 평생학습계좌제 이용방법이다.

▼〈표 3〉 평생학습계좌제 이용방법

구분	내용
1. 계좌개설	① 홈페이지 접속(www.all.go.kr) ② 약관동의 ③ 본인확인 ④ 회원정보 입력 ⑤ 가입완료
2. 이력등록	① 로그인(ID, 비밀번호) ② 학력 ③ 경력 ④ 자격 ⑤ 평생학습이수 ⑥ 기타활동사항
3. 증명서 발급	① 메뉴선택 ② 발급항목 선택 ③ 발급신청 ④ 사용목적 선택 ⑤ 발급

04 나가며

지금까지 설명한 내용을 요약하면 <표 4>와 같다.

▼〈표 4〉 은퇴를 위한 단계별 준비사항

단 계	준비사항
위기감지	• 마음 준비하기 • 허전함, 외로움, 두려움 극복하기
비전정립	• 행복 알아보기 • 행복한 미래 그려보기
자기개발	• 나의 참모습 알아가기 • 앞날 준비하기
장애물제거	• 되돌아보기 • 자신 내려놓기 • 건강 체크하기
도전	• 자식 독립시키기 • 친구 같은 부부 만들기 • 의지할 대상 만들기 • 함께 할 친구 만들기 • 행복한 삶 실천하기 • 자생력 키우기 • 소일거리 만들기 • 나를 위한 투자 늘리기

은퇴는 누구나 겪는 삶의 전환기 과정이라 할 수 있다. 오랫동안 익숙하게 지냈던 조직생활을 떠나 사회인으로 적응하기에는 사람마다 차이는 있지만 심리적 불안, 경제적 곤란 등 많은 시행착오를 겪게 된다.

은퇴준비를 한다는 것은 이러한 시행착오를 최소화하면서 자신이 주도하는 삶의 계획에 따라 자연스럽게 은퇴하도록 하는 데 목적이 있다고 할 수 있다. 은퇴준비에는 마음의 준비도 필요하지만, 자산운용, 자신의 일 만들기, 스트레스 관리, 유산과 상속 등 법적 문제, 세무, 건강관리 등 여러 분야에서 전문적인 도움이 필요하다.

본 장에서 논한 것들을 의식하고 하나씩 준비해 나간다면 은퇴 후 사회적응에 많은 도움이 될 것이라 생각한다. 사람들마다 처한 환경이 다르기 때문에 이러한 고려요소들을 모두 준비한다는 것이 아니라 이러한 고려요소들 중에서 자신에게 필요한 부분을 찾아서 준비하는 것이 바람직한 방법이다.

참고문헌

강창균, 유영만 (2011). 버킷리스트. 서울: 한국경제신문.

국가평생교육진흥원 평생학습계좌제(http://www.all.go.kr)

국립국어원(2015). 은퇴, 퇴직.

http://stdweb2.korean.go.kr/search/View.jsp (2018.12.10. 검색)

석희열 (2018.10.05.) 공무원연금 월 평균 수령액 223만 7000원... 국민연금 50만원. *데일리중앙*, http://www.dailiang.co.kr/news/articleView. html?idxno =117943 (2018.12.10. 검색)

조원경, 한정란 (2009). 중년기 직장 남성의 직업에 대한 태도. *직업교육연구, 28*(1), 43-61.

최규민 (2014.04.14). [뉴스 TALK] OOO도 오죽 은퇴준비 안됐으면...은행 이용법까지 안내할까. *조선일보*, http://biz.chosun.com/site/data/ html_dir/2014/04/14/2014041400004.html

최재식 (2017). 100세 시대 은퇴설계. 제주: 공무원연금공단.

통계청 (2018a). 성별 가장 오래 근무한 일자리를 그만둔 이유(55-64세). 대전: 통계청.

통계청 (2018b). 기대수명추이. 대전: 통계청.

통계청 (2018c). 부모생활비 주제공자. 대전: 통계청.

Csikszentmihalyi, M. (2007). 몰입의 즐거움(이희재 역). 서울: 해냄.

Diener, E., & Tov, W. (2009). Well-Being on Planet Earth, *Psychological Topics*, *18*(2), 213-219.

Greenhaus, J. H., Callanan, G. A., & Godshalk, V. M. (2010). *Career management* (4th ed.). Thousand Oaks, CA: Sage.

Havighurst, R. J. (1972). *Developmental tasks and education* (3rd ed). Longman, New York; London.

Koenig, H. G. (2012). 아름다운 은퇴(유재성 역). 서울: 학지사.

Seligman, M. (2014). 마틴 셀리그만의 긍정심리학(김인자, 우문식 역). 서울: 물푸레.

색인

공저자 약력

유기웅

조지아대학교(미) 인적자원 및 조직 개발 석사, 성인교육학 박사

현) 숭실대학교 평생교육학과 교수, 숭실대학교 교육대학원 커리어 · 학습코칭전공 주임교수
  한국커리어 · 학습코칭연구소장

주요 저서

'평생학습을 위한 프로그램개발 및 평가' (공저, 양서원, 2010)

'평생교육의 세 가지 지평' (공저, 박영스토리, 2017)

'질적 연구방법의 이해' (공저, 박영스토리, 2018, 개정판)

'교육복지론' (공저, 박영스토리, 2020, 개정판)

김영일

단국대학교 교육학 석사, 숭실대학교 평생교육학 박사

전) 숭실대학교 교육대학원 겸임교수

현) 서울여자고등학교 교장

주요 저서

'중학교 정보 교과서' (공저, 금성출판사, 2012)

'중학교 정보 교과서' (공저, 금성출판사, 2017)

'고등학교 정보 교과서' (공저, 금성출판사, 2017)

'두런두런 컴퓨팅' (공저, 금성출판사, 2018)

이승주

고려대학교 노동대학원 노동복지정책학 석사, 숭실대학교 평생교육학 박사

현) 부천여성청소년재단 정책개발부장, 고려대학교 노동문제연구소 객원연구위원

주요 논문

'중장년 구직자의 직업가치관과 고용가능성에 관한 연구' (인문사회21, 2019)

'한국 여성건설기능인의 진로탐색 및 경력관리에 관한 내러티브연구' (박사학위논문, 2017)

'지방자치단체 여성회관 활성화연구 경향과 내용분석' (사회과학연구, 2015)

송정희
숭실대학교 평생교육학/인적자원개발 석사, 박사
현) 숭실대학교 교육대학원 커리어·학습코칭전공 겸임교수, 숭실사이버대학교 평생교육상담학과 겸임교수, 공감소통연구소 공동대표

주요 저서
'NCS 직업기초능력에 따른 취업전략' (공저, 양성원, 2016)

최유연
연세대학교 교육학 학사, 숭실대학교 평생교육학 박사
전) LG생활건강 마케팅 BM(팀장), SK하이닉스 HR담당
현) 고려대학교 HRD정책연구소 연구교수

주요 저서
'The Smart Learning' (공저, 박영사, 2013)

이응목
고려대학교 교육학 석사, 숭실대학교 평생교육학 박사
전) 공무원연금공단 은퇴설계 강사
현) 충남대학교 사범대학 교육학과 강사

주요 저서
'은퇴한 중년들이 행복하게 사는 법' (라온북, 2012)
'생애설계총서 시리즈 제 3권(재무설계/커리어 관리 및 개발)' (공저, 한국생애설계협회, 2017)

미래사회와 경력개발

초판발행 2020년 5월 1일

지은이 유기웅·김영일·이승주·송정희·최유연·이웅목
펴낸이 노 현

편 집 배근하
기획/마케팅 이선경
표지디자인 조아라
제 작 우인도·고철민

펴낸곳 ㈜ 피와이메이트
서울특별시 금천구 가산디지털2로 53 한라시그마밸리 210호(가산동)
등록 2014. 2. 12. 제2018-000080호
전 화 02)733-6771
f a x 02)736-4818
e-mail pys@pybook.co.kr
homepage www.pybook.co.kr
ISBN 979-11-6519-052-1 93370

정 가 12,000원

박영스토리는 박영사와 함께하는 브랜드입니다.